亲子依恋对大学生
人际关系影响的性别效应

◆沈烈荣　著

湖北长江出版集团
湖北人民出版社

鄂新登字 01 号

图书在版编目(CIP)数据

亲子依恋对大学生人际关系影响的性别效应/沈烈荣著.
武汉:湖北人民出版社,2009.4

ISBN 978 - 7 - 216 - 05919 - 0

Ⅰ.亲…

Ⅱ.沈…

Ⅲ.①大学生—青年心理学②大学生—人际关系学

Ⅳ.B844.2 C912.1

中国版本图书馆 CIP 数据核字(2009)第 018041 号

武汉科技学院·人文社科文库

亲子依恋对大学生人际关系影响的性别效应　　　　　沈烈荣 著

出版发行:	湖北长江出版集团 湖北人民出版社	地址:武汉市雄楚大街 268 号 邮编:430070
印刷:武汉市洪林印务有限公司		印张:10
开本:787 毫米×1092 毫米 1/16		插页:1
版次:2009 年 4 月第 1 版		印次:2009 年 4 月第 1 次印刷
字数:132 千字		定价:22.00 元
书号:ISBN 978 - 7 - 216 - 05919 - 0		

本社网址:http://www.hbpp.com.cn

总　序

　　在高等学校的学科建设中,人文社会学科的建设具有十分重要的意义。对于一所以工科为主的高校来说,人文社会学科的建设则具有特殊的意义。人文社会科学具有积累知识、传承文明、创新理论、服务社会的功能,能为科技、经济和社会的发展提供指导,调节各种社会关系和社会生产要素的优化组合以及根据社会生产、社会生活的运行机制提供程序系统。自然科学技术只有与人文社会科学结合起来,才能在现代社会发挥整体的强大功能。因此,人文社会学科的发展是高校特别是以工科为主的高校不断提升办学水平的一个重要条件。

　　武汉科技学院是一所以工科为主,多学科协调发展,特色鲜明、优势突出的普通高等学校。在过去五十年的办学历程中,形成了鲜明的纺织服装特色与优势。在新的历史时期,围绕现有特色与优势,促进学科交叉,形成多学科相互支撑、协调发展的学科建设格局,是进一步壮大特色与优势,促进特色的高水平发展的必然选择。我校人文社会学科的发展虽然起步较晚,但是经过近十年的发展,已拥有了一支具有较强实力的学科队伍,承担了一批高层次的科研项目,产出了一批具有较高水平的科研成果。人文社会学科建设突出了学科交叉,围绕学校的特色形成自身优势,取得了良好的效果,为彰显学校的办学特色发挥了重要的作用。

　　以丛书形式出版"人文社科文库",旨在展示我校青年学者的研究成果,进一步促进人文社会科学的发展。文库的选题涉及哲学、政治学、文学、教育学、管理学、法学等多个学科领域。关注社会现实,跟踪学术前沿,追求学术创新,是这套文库的一个重要特点。文库的作者都是我校人文社科学院近年来引进和培养的博士。他们朝气蓬勃,思想活跃,潜心于学术,敢于迎接挑战,在各自的研究领域敢于创新,既有理论上的突破,又有方法上的创新,如引进数学模型阐述理论、运用经济学分析论证哲学问题等,显示出扎实的学术功底,学术成果具有较高的理论价值和现实意义,反映了我校人文社科学院的研究实力。必须指出的是,文库大多是在作者博士论文的基础上进一步研究、修改而成的,虽有名师指导,历经反复推敲修改,达到了一定的学术水平,但其中也难免学术视野、学术方法、学术经验等方面的局限性。因此,这套文库的出版重在为进行人文社会科学研究的青年学者提供一个交流和展示研究成果的平台。

学校高度重视文库的出版,并提供了政策支持和全额资助。但文库的出版只是一个出发点,希望这套文库的出版能够在学校人文社会学科建设中发挥积极的作用,促进人文社会科学研究水平的不断提高,使人文社会科学在学校的发展中发挥更大的作用。

武汉科技学院院长　张建钢
2009 年 3 月

目　录

摘　　要

　　亲子依恋是指父母与子女之间持续而富有意义的情感纽带,对个体人际关系发展具有重要的影响。本研究分别采用相关研究方法和依恋安全记忆激活实验方法,从大学生亲子依恋表征本身的性别差异出发,以不同关系对象依恋表征中的"性别关系"为核心,重点考察了亲子依恋对大学生亲密关系表征、一般依恋表征以及因人际关系缺乏产生的感情和社会孤独影响的性别差异问题。本研究围绕"性别关系效应"的基本假设是:大学生人际交往中的"同性"关系表征更多受到"同性"亲子依恋的影响;而"异性"关系表征更多受到"异性"亲子依恋的影响。主要研究发现可以概括为以下几个方面:

　　1. 在大学生的亲子依恋表征上,分别来自父亲和母亲的依恋表征为弱相关;在子代性别差异上,"父子"依恋安全性显著低于"父女"依恋安全性;在亲代性别差异上,"父子"依恋安全性显著低于"母子"依恋安全性;结果在一定程度上体现为"异性关系"的亲子依恋安全性高于"同性关系"。

　　2. 亲子依恋表征与大学生亲密关系依恋焦虑的相关分析结果显示,"异性关系"的亲子依恋表征对大学生亲密关系(包括同性和异性亲密关系)依恋焦虑具有显著的预测作用。

　　3. 在亲子依恋表征对大学生亲密关系(包括同性和异性亲密关系)依恋回避的预测作用上显示出明显的"性别关系效应":"同性关系"的亲子依恋安全性越低,则意味着在"同性关系"的朋友(伙伴)交往中依恋回避倾向越明显;"异性关系"的亲子依恋安全性越低,则意味着在"异性关系”的亲密交往中回避倾向越明显。

4. 亲子依恋安全记忆激活对大学生一般依恋表征影响的“性别关系效应”显著:来自父亲(而不是母亲)的依恋安全记忆激活能够显著提高大学生对“一般男性”依恋表征的自我模型,而来自母亲(而不是父亲)的依恋安全记忆激活能够显著提高大学生对“一般女性”依恋表征的他人模型。

5. 来自父亲(而不是母亲)的依恋表征能够显著预测男性大学生因缺乏异性亲密关系而产生的感情孤独,同时显著预测男性大学生因缺乏同伴友谊而产生的社会孤独。对女性大学生而言,来自父亲(而不是母亲)的依恋表征能够显著预测女性大学生的感情孤独,来自母亲(而不是父亲)的依恋表征能够显著预测她们的社会孤独。来自父亲(而不是母亲)的依恋安全记忆激活能够显著降低男性大学生的社会孤独水平。

上述结果表明,在亲子依恋对大学生人际关系表征的影响上,“性别关系效应”是明显存在的,主要表现在亲子依恋表征对大学生亲密关系“回避”倾向的预测作用以及亲子依恋记忆激活对大学生一般依恋表征的影响这两个方面;在亲子依恋对大学生因人际关系缺乏而产生的感情和社会孤独的影响上,“性别关系效应”也有一定的体现。这在一定程度上揭示了不同关系对象依恋表征之间的内在一致性,并为亲密关系研究领域中针对性别差异问题的分析提供了一个比较有效的分析模型。但研究同时也发现,“性别关系效应”并没有在所有方面得到完整一致的体现,显示了在亲密关系研究领域中性别差异问题本身的复杂性。

关键词:亲子依恋;人际关系;性别关系效应;大学生

Abstract

Parent－child attachment refers to the emotional bond that forms between parent and child, which has great influences on the child's interpersonal development. Present study applied both correlation method and secure attachment memory activation method to investigate the "gender relation effects" of parent－child attachment's influences on college students' close relationships, general attachment representation, and emotion and social loneliness. The basic hypotheses on "gender relation" were set as: "same－sex" parent－child attachment has more influences on college students' "same－sex" interpersonal relationships, while "opposite－sex" parent－child attachment has more influences on college students' "opposite－sex" interpersonal relationships. Major findings includes:

1. There was weak correlation of attachment security between father－child and mother－child relationships. The findings indicated that, among college students, the security of "opposite－sex" parent－child attachment representation is higher to some extent than that of "same－sex" parent－child attachment representation.

2. There were significant correlations between parent－child attachment and college students' attachment anxiety in close relationships. Major findings indicated that "opposite－sex" parent－child attachment security negatively predicts college students' attachment anxiety in both

"same—sex" and "opposite—sex" close relationships.

3. Gender relation effects were significant in the correlations between parent—child attachment and college students' level of avoidant attachment representation. "Same—sex" parent—child attachment security positively predicted avoidant attachment level in college students' "same—sex" close relationships, while "opposite—sex" parent—child attachment security positively predicted avoidant attachment level in "opposite—sex" close relationships.

4. Parent—child attachment security memory activation had significant influences on college students' general attachment representation, in which gender relation effects indicated that: the memory activation of father—child attachment security significantly increases participants' security of self—model in general attachment representation to "male others"; while the memory activation of mother—child attachment security significantly increase participants' security of others—model in general attachment representation to "female others".

5. For male college students, father—son attachment security negatively predicted their emotion and social loneliness. For female college students, father—daughter attachment security negatively predicted their emotion loneliness, while mother—daughter attachment security negatively predicted their social loneliness. Attachment security memory activation had significant influences on college students' social loneliness, in which gender relation effects was confirmed in that only father—child attachment security memory activation significantly decreased male participants' level of social loneliness.

The results indicated that gender relation effects are significant in the influences of parent—child attachment on college students' interpersonal relationship representations, especially when the level of avoidant of attachment in college students' close relationships was predicted by parent—child attachment representation, and when the memory activation of parent—child attachment influenced college students' general attachment representation. The present study confirmed to some extent that gender relation consistency exists in attachment representations among different interpersonal relations, and serves as a new model for analysis of gender differences in the research fields. In the present study, however, gender relation effects were not confirmed in all the interpersonal relationship representations, which indicated the complexity in the problems of gender differences in the research fields of close relationships.

Key Words: parent—child attachment; interpersonal relationships; gender effects; college students

第一章　研究综述

1　依恋理论的基本框架

1.1　依恋与依恋表征

依恋(attachment)是指个体与个体之间持续而富有意义的情感纽带(emotional bond)(Ainsworth，1989；Bartholomew，Horowitz，1991；Planalp，2003)，同时也是个体与他人之间一种重要的人际关系(Cohen，Wills，1985；Sedikides，2005；Schachner *et al*，2005)。个体与他人之间的情感纽带可以理解为个体对独特且不可取代的重要他人相对持久的牵挂，意味着同对方在一定的时间和空间范围内保持亲近的愿望；依恋不同于人类其他情感，在于它使个体在这种关系中获得安全与满足，依恋对象能够提供给个体探索更广阔生存空间的安全保障(Ainsworth，1989；Mikulincer *et al*，2002；Taubman－Ben－Ari *et al*，2002)。人类的依恋行为(attachment behaviors)最初是在婴儿时期遇到危险或挫折时，为了保持同看护人(通常是父母)的亲密接触、寻求安慰和保护而发展起来的；在成长过程中，个体的亲密交往对象从最初的父母逐渐扩展到其他人(如同伴、恋人等)，进而形成与不同对象间相互依恋的亲密关系(close relationships)。有研究认为，个体的依恋、自尊(self－esteem)和世界观

(world－views)三者相互依托,共同构成个体的安全系统(security sys-tem)(Hart *et al*,2005)。以依恋为核心的亲密关系是个体成长的重要社会条件,个体在这种关系中能够获得人际之间基本的行为表达与理解的能力(Schachner *et al*,2005)。

大多数个体在生活中总是存在某种亲密关系,但对于极少数个体而言,在其人际交往中可能并不存在特殊的亲密关系(Takahashi,2005),虽然如此,多数研究者倾向于认为,人类个体不仅天生具有建立亲密关系的倾向(Florian *et al*,2002),而这种以依恋为核心的亲密关系的重要作用常常伴随人的一生(Collins,Read,1990;Mikulincer,Florian,2001;Imamoglu,Imamoglu,2006)。

依恋表征(attachment representation)是在对亲密关系进行分析和研究中经常使用的一个重要概念。它不是指亲密关系中具体的依恋行为和情感体验,而是指隐藏在具体的依恋行为和情感体验背后,与某种人际关系(如亲子关系、同伴关系、婚恋关系等)相联系的稳定的心理预期,是现实而具体的依恋行为和情感体验逐渐内化的结果(Hazan,Shaver,1987;Imamoglu,Imamoglu,2006)。从依恋关系的最初形成上看,其核心成分为亲子养育系统(caregiving system),虽然这种情况在动物身上也可以见到,但对于人类而言,则会逐渐形成与依恋关系相对应的心理表征,而对于母亲而言,她们甚至可能在怀孕之前便建构起来了同后代之间的依恋表征(Ainsworth,1989)。而依恋表征一旦形成,反过来又影响着个体对具体依恋行为与情感体验的预测和解释(Furman *et al*,2002)。

依恋与依恋表征这两个概念是有区别的。"依恋"主要是指亲密关系中具体的行为与情感体验,而"依恋表征"则强调个体对待这种关系的态度和心理预期。而在很多研究中为了文字的简略,也常常用"依恋"来指代"依恋表征"。

另外,虽然很多研究是在亲密关系领域内对"依恋"和"依恋表征"进行考察,但从理论层面上看,"依恋表征"在形成以后,并不总是局限于具体的依恋对象,因为这种心理预期会泛化到其他的关系中去,构成个体对人际关系中"自我"和"他人"的普遍看法(Collins,Read,1990；Bartholomew,Horowitz,1991),从这一点上看,对"依恋表征"的考察虽然属于亲密关系研究范畴,但也常常涉及到更广泛的人际关系问题。

1.2 依恋理论的基本框架

依恋理论(attachment theory)的核心内容在于揭示人类所有文化和种群中的个体所共有的、具有人类生物学基础的依恋行为系统(attachment behavioral system)(Ainsworth,1989)。依恋理论最早由Bowlby提出,它最初是进化—生态取向的(evolutionary—ethological approach),并很快成为研究个体人格与社会发展的重要理论之一(Collins,Read,1990)。它以依恋为核心概念,试图解释个体在亲密关系中的行为倾向、情感体验及个体差异(Bartholomew,Horowitz,1991；Mikulincer *et al*,1990)。

后期有研究者(Mikulincer,Florian,2001)将依恋理论的核心观点概括为:人类婴儿出生时即具有与他人保持密切接触的行为倾向,或称为行为指令系统(repertoire of behaviors);在这个指令系统的作用下,婴儿寻求他人(通常是父母)的帮助和支持;反过来,父母的帮助和支持为婴儿的正常活动提供基本的安全保障,被称为安全基地(secure base);婴儿在安全基地的保障下,便可获得足够的信心和勇气去探索周围的环境。婴儿与父母之间的依恋关系在正常情况下应该是亲密而安全的,但实际的依恋关系并非总是如此,亲子之间的交往行为和情感体验存在较为稳定而明显的个体差异,这种差异构成了不同的依恋类型(attachment styles),如安全型、矛盾型依恋关系等。依恋类型是一种稳定的关系模式,而这种现实和具体的依恋行为与情感体验模式逐渐内化的结果,便形成了不同的依恋表征。

当亲子关系的依恋表征形成以后,随着个体交往对象的扩大,进一步形成新的亲密关系,如同伴关系、婚恋关系等,这些关系同亲子依恋一样被认为具有依恋关系的特征(Fraley,Shaver,1997)。

最初的亲子依恋表征随着新的关系的建立,逐渐泛化到新的关系中去,形成对亲密关系对象乃至一般的人际关系中"人、我"双方更为一般和普遍的心理预期,包括对自我的普遍预期和对他人的普遍预期,这两种普遍的预期被称为依恋的工作模型(working models)(Collins,Read,1990;Bartholomew,Horowitz,1991;Banai et al,2005),它代表着个体在人际交往中稳定的认知、情绪和行为模式(Banai er al,2005;Schachner et al,2005)。

从依恋类型与工作模型的区别上看,依恋类型主要是对不同依恋关系的一种整体性描述;依恋工作模型则是从个体在某种关系中对自我和他人的一般看法这两个维度来分析依恋关系。比如某种依恋关系,在依恋类型上可能被描述为安全型依恋(secure attachment),是指一种亲近、信赖而安全的依恋关系,同样的依恋关系从工作模型上则被描述为个体在这种关系中同时具有对自我和他人的积极与肯定态度。在本研究中,我们同时采用了依恋类型和工作模型这两个概念。无论是依恋类型还是工作模型,都是个体在与他人的交往中发展起来的内部心理组织,并因个体成长而有所变化(Mikulincer,Arad,1999;Takahashi,2005)。

从个体成长过程中的具体依恋关系发展上看,主要包括亲子关系、同伴关系和婚恋关系等(Takahashi,2005)(见图1—1)。

在不同对象的依恋表征中,亲子依恋不仅从个体生活的时间顺序上看是最早出现的,而且从个体心理和社会适应各方面看,亲子依恋也是影响最为深远的一种亲密关系,它不仅是个体在家庭之外建立新的亲密关系(如同伴关系、婚恋关系)的基础(Kerns et al,1996;Conger et al,2000),对个体生活的其他重要方面,如个体的自尊(Roberts,Bengtson,1993)、学业成就(席盾,张凤铸,1999;Lee,2007)、社会适应(Rice et *al*，1997；Shah，2003)和心理健康(Storksen *et al*，2005；Crawford *et al*，2006)等，也均构成重要的影响。

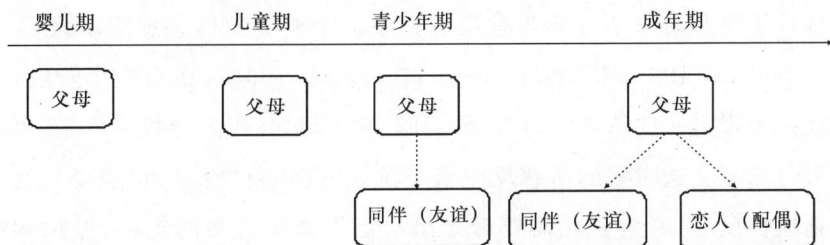

図 1-1 依恋关系发展的一般模式(来源:王争艳等人,2005)

图 1-1 依恋关系发展的一般模式(来源:王争艳等人,2005)

2 亲子依恋的基本观点

2.1 亲子依恋的早期研究

亲子依恋(parent-child attachment)是指父母与子女之间(特殊情况下也包括婴儿与父母以外的其他看护人之间)持续而富有意义的情感纽带(emotional bonds),它是在婴儿遇到危险或潜在威胁时为保持与父母(或主要看护人)的亲密接触以寻求保护和支持而发展起来的(Ainsworth,1989；Bartholomew,Horowitz,1991)。初生婴儿主要是根据本能反应(如哭泣等)表现出对看护人的依恋倾向,并把它作为一种信号行为(signaling behavior)以唤起对方注意和接近自己;对于刚出生的婴儿,其信号行为的对象是不固定的,在逐渐识别他人以后,婴儿学会了将不同的行为指向不同的对象,而随着活动能力的增强,除了简单信号行为以外,也开始出现主动亲近对方的行为(Ainsworth,1989)。

较早开始对婴儿与其主要看护人(通常是母亲)的依恋关系进行系统探讨的是 Bowlby 分别发表于 1969、1973、1980 年的系列研究报告(参见:

Hazan，Shaver，1987)，研究者主要采用自然观察和实验室观察的方法，而研究的重点在于考察婴儿在与母亲分离与重聚时候的行为表现。研究者描述了婴儿与母亲分离与重聚过程中三个典型的情感反应阶段（Hazan，Shaver，1987；Bartholomew，Horowitz，1991)：在第一个阶段，婴儿往往表现出一些特殊的行为，如哭闹、粘着母亲、焦急地找寻母亲、再次亲近母亲等。这时候的情感反应属于抗议（protest）阶段，它是婴儿的一种适应性反应，因为婴儿需要母亲给自己提供所需要的支持、保护和照顾；如果在这个阶段婴儿能够确定依恋对象（母亲）就在附近、是随时可以接近的、随时关注自己的，他们就会感到安全、自信和被爱，在行为上便更有可能去探索周围的环境，更具有社交性。如果婴儿感到依恋对象不在附近、不可接近、没有关注自己，婴儿的诉求得不到依恋对象的积极回应，不能和对方重新建立合意的依恋关系，就会进入第二阶段的情感反应，也就是绝望（dispair）的情感反应阶段，此时婴儿情绪低落、悲伤和绝望。在第二个情感反应阶段过后，当母亲再次回到婴儿身边，婴儿有可能进入第三个情感反应阶段，即漠然（detachment）的情感反应，此时婴儿对母亲表现出一种主动防御性的回避和漠视态度。

在婴儿3、4岁时，他们同主要看护人的依恋行为能力有了新的发展。一方面，随着婴儿语言能力的发展，亲子间可以交流更多的事情；另一方面，儿童的简单的观点采择（perspective－taking）能力也开始发展起来，这使得儿童可以猜测依恋对象的动机和态度，并试图诱导对方有所改变，使其同自己的意图相一致（Ainsworth，1989)。如果婴儿能够获得对依恋对象的信任，那么这种信任会纳入到他们的依恋工作模型，而此时的依恋对象即使"离开"比较长的时间，他们也不会出现太多的分离焦虑体验。与此同时，他们的行动能力也开始发展起来，促使他们离开亲密关系的"安全基地"去探索更广泛的空间，寻求新的玩伴（包括陌生人）（Cohen *et al*，1985；Ainsworth，1989；Mikulincer *et al*，2002)。

2.2 亲子依恋的个别差异

子女与父母之间的依恋关系本身作为一种"安全基地",从它的作用上看,应该是亲密而安全的,但实际的依恋关系并非总是如此。亲子依恋的个别差异主要体现在不同的亲子依恋模式或类型(attachment styles)上。从婴儿与依恋对象的关系而言,这种差异主要表现在婴儿对依恋对象(通常是母亲)的信赖程度和婴儿自身感觉安全的程度(Mikulincer *et al*,1990)。在 Bowlby 研究的基础上,后期的研究者区分出了 3 种不同的亲子依恋类型(Hazan,Shaver,1987;Ainsworth,1989):安全型、回避型和矛盾型。安全型(secure)依恋的婴儿与依恋对象(母亲)之间关系融洽,分离时积极寻找;重聚时十分高兴,并能很快缓解分离时候的不安和悲伤情绪。回避型(avoidant)的婴儿与依恋对象(母亲)的关系淡薄,分离时不哭泣,没有明显的反抗;重聚时表现出与依恋对象亲密接触的回避倾向。矛盾型(ambivalent)的婴儿在与依恋对象(母亲)分离时,显得格外焦虑,出现较剧烈的反抗、哭闹等行为;重聚时则显得十分生气,焦虑不安的情绪难以缓解。除了安全型依恋(secure attachment)之外,回避型与矛盾型依恋均属于不安全型依恋(insecure attachment)。

目前,在亲子依恋类型的划分问题上,尚存在一定的争议。在 Wartner 等人(1994)的研究中,将早期研究者区分的三种依恋类型分别称为A、B、C 型,而将另一种不确定型(disorganized)归入 D 型。另外,当研究对象涉及到文化差异的时候,在依恋类型的划分上存在的差异更明显(Li *et al*,2006;安芹,2001)。比如在中国学者的研究中(梁兰芝,2000)认为,中国儿童对母亲的依恋有四种类型,安全型(占 73%)、冷漠型(占 11%)、缠人型(占 7%)、混乱型(占 9%),其中的冷漠型同国外研究所描述的回避型相对应,但也存在明显差异:中国儿童的冷漠型没有明显的回避母亲的行为表现,但他们同母亲的交流很少,也不容易看到母亲与孩子之间亲密的情感交流,同时,这一类型的中国儿童对玩具格外关注,有很明显的独立探索行为,他们的兴趣似乎是以"物"定向的,而不是以"人"定向的;另外,中国儿童表现出的缠人型类似于国外描述的矛盾型:缠人型的儿童总是争取接近母亲,甚至寸步不离,在陌生人面前则表现得胆小、拘谨,不能将母亲作为探索周围环境的安全基地,但他们却不像国外描述的矛盾型儿童那样具有明显的反抗母亲的行为。在另一个国内的研究中(胡平,孟昭兰,2003)也发现,与西方儿童的依恋行为相比较,中国城市儿童比较少出现对母亲明显的亲密行为表现,也比较少出现对母亲的反抗和攻击行为,而更多表现出对母亲的冷漠态度。

由此可见,在亲子依恋的类型划分问题上,不仅存在着采用几种类型的问题,同时也存在文化比较上的差异问题。但这些差异主要体现在"不安全依恋"的划分和理解上,一般研究者对于"安全型依恋"的看法却非常一致。在亲子依恋研究领域,大多数研究者仍然较多采用传统的三类型划分法,特别是当研究者在考察成人的亲子依恋表征时,尤其如此(Hazan, Shaver, 1987; Ainsworth, 1989; Feeney, Noller, 1990; Dalton *et al*, 2006)。

2.3 亲子依恋模式的相对稳定性

亲子之间独特而富有意义的交往关系从婴儿时期开始,往往要经历漫长的成长阶段,并持续到个体进入成年早期。那么,在婴儿时期形成的亲子之间特殊的依恋模式是否会固定不变地持续到成年早期,或者会随着个体的成长过程而不断变化呢?在依恋理论提出的早期,研究者便假设,从亲子依恋类型和心理表征的角度上看,它是一种相对稳定的关系模式,不仅在儿童、青少年时期保持着相当的稳定性,即使到了成年时期,当子女同父母直接的联系中断(比如父母去世)的时候,亲子之间的依恋模式也依然存在,并继续发生影响(Hazan, Shaver, 1987; Ainsworth,

1989；Bartholomew，Horowitz，1991）。

　　亲子依恋模式的相对稳定性得到了后期学者的大量研究支持。一些纵向研究结果显示，随着个体的成长，从儿童时期到青少年时期，乃至成年早期，亲子关系的具体表现和个体的内在体验虽然有波动，但在亲子依恋的类型上仍保持着相当的连续性和稳定性，特别是当家庭环境也比较稳定时，尤其如此（Larson *et al*，1996；Waters *et al*，2000）。另有研究显示，在 10 到 18 岁期间，随着子女年龄的增长，他们与家庭以外的交流越来越多，因此在整个青少年时期，他们呆在家庭里的时间是随年龄逐渐下降的，但同时，他们与父母单独在一起的交流时间和交往质量却保持了相当的稳定性（Larson *et al*，1996）。

　　虽然也有研究者指出，亲子依恋类型的稳定性并非是绝对的，重要事件的发生也有可能改变原来的依恋模式，但这种情况不是经常发生（Waters *et al*，2000）。

　　显然，从亲子依恋类型上看，具有相当的稳定性，但在亲子关系的某些具体表现上，发生的某些变化或波动却是明显的。从亲子关系的亲密程度上看，早期的研究者（Hunter，Youniss，1982）便发现，在整个青少年时期，亲子之间的亲密程度有随年龄下降的趋势。从亲子依恋的心理表征上看，在 Hazan 和 Shaver（1987）针对成人的研究中发现，同更为年长的被调查者比较，成年早期（26 岁以下）的被调查者在报告自己在儿童、青少年时期与父母的交往经历时，倾向于将亲子关系理想化，比如，认为父母更爱自己，母亲表现出更多积极反应以及较少的干涉或拒绝，而父亲则脾气更为温和等。

　　关于亲子依恋模式的相对稳定性问题，基于以往的研究，我们可以这样来理解：一方面，成长中的个体与父母之间的依恋关系从行为表现上看，是随着年龄与身心发展而发生变化和波动的；从依恋类型或关系表征上看，亲子依恋则具有时间或年龄维度上的相对稳定性。

3 亲子依恋的性别差异

关于亲子依恋的性别差异问题,在亲子依恋的早期研究以及后来采用陌生情境法(stranger situation procedure)对婴儿的研究中(胡平,孟昭兰,2003;邓红珠等,2007),往往考察的是母亲同婴儿之间的依恋关系,因而很少关注性别差异问题。但在更多的亲子关系研究中,则不可避免地涉及到性别差异。从父亲和母亲的性别差异(亲代性别差异)上看,虽然在亲子依恋的研究初期,父亲同子女的情感纽带没有像母亲那样受到重视,但随着研究的深入,研究者开始逐渐关注父亲在婴儿依恋行为中的作用,进而考察父婴(infant-father)关系与母婴(infant-mother)关系的不同。在大多数家庭,照顾婴儿被认为是母亲的职责,而父亲同婴儿相处的时间相对较少,虽然如此,在一些家庭中,父亲同样充当了重要的养育者角色(Ainsworth,1989;Buist *et al*,2002)。在父亲和母亲的亲代性别差异之外,同时还存在着子女的性别差异(子代性别差异)问题,随着研究对象从婴幼儿扩展到青少年及成年期,男孩(男性)与女孩(女性)在亲子关系中的性别差异问题也不可避免地为研究者所关注(Larson *et al*,1996;Moretti,Higgins,1999;Lee *et al*,2007)。另外,也有许多研究者从性别角色期待的角度去考察和分析亲子关系中性别差异产生的社会文化因素(Cox *et al*,1992;Crozier,2002;Tu,Liao,2005)。

鉴于亲子关系中性别差异问题的复杂性,在下面的文献综述部分,将从三个方面进行简要论述:一,父母性别角色期待的差异;二,子女性别角色期待的差异;三,成长过程中的亲子依恋性别差异。

3.1 对父母性别角色期待的差异

父母对自身的角色期待不仅受到生理和遗传的影响,同时也受到传统习俗以及现实的社会政治和经济状况的影响;而父母对自身的角色期待又成为影响亲子交往行为的重要因素。

在西方传统中,母亲一般作为孩子情感依恋的对象,而父亲则被认为是孩子最好的玩伴,也就是说,当父母与子女在一起时,母亲主要从事看护与照料孩子的工作,而父亲则与孩子一起嬉戏玩耍(Cox *et al*,1992)。

在中国的传统中,也历来有"严父慈母"的说法,大致上对父亲的角色期待是严格、严厉和具有威信的,而对母亲的角色期待则是温柔、善良和体贴的。在一个研究中(Tu,Liao,2005)发现,大多数中国家庭认为丈夫应该外出工作,而妻子应该留在家中;虽然在妻子也有工作的时候,丈夫应该分担家务,但认为女人比男人更适合照顾家人。等到孩子年龄稍长,在父母的角色期待中,常常强调父母的权威性,特别是在东方文化中,更强调父亲的权威(叶子,庞丽娟,1999)。有研究(Gaertner *et al*,2007)认为,父亲的权威性和母亲的保护态度是产生亲子关系差异的两个重要因素,父亲的权威性过强,或者母亲的保护性过强,均不利于父母与孩子的亲密关系质量。

另外在我国青少年的亲子关系调查中(吴念阳,张东昀,2004)发现,青少年与父亲和母亲的关系也存在显著的性别差异,总体上看,同父亲的关系要好于同母亲的关系;研究者进一步认为,这种差异与母亲的性别角色有关,因为母亲常常承担着处理家庭事务的角色,而这种"家庭管理员"的角色更容易在思想和情绪上同青少年子女产生冲突。石伟等人的研究(2004)也发现,我国初中生倾向于认为来自母亲的控制和干涉比较多,而父亲则能够比较平等地对待自己。由此可见,对父母性别角色期待的差异在一定程度上影响着亲子之间的交往关系。

3.2 对子女性别角色期待的差异

在亲子依恋性别差异的影响因素上,来自父母性别角色期待的差异固然是原因之一,同时也存在对子女性别角色期待的差异问题。

对子女性别角色期待的差异首先反映在对子女的性别偏好(gender preferences)上。由于传统文化的影响,在子女出生以前便已存在性别偏好问题,而不同的文化之间也存在显著差异。比如在西方的一个研究中(Andersson *et al*,2007)以生活在芬兰本土的母亲为考察对象,发现已经有两个女孩的母亲比已经有两个男孩的母亲生育第三胎的比率更高,从而显示了对男性后代的偏爱;这种偏爱在瑞典的芬兰移民中也有类似的发现,而在瑞典的本族居民中却显示了对女性后代的偏爱。

在我国传统上,则一直存在"重男轻女"的现象,虽然由于时代的变迁而有所改变,这种性别偏好是仍然存在的(Ding,Hesketh,2006;吕红平,2007)。

在子女成长过程中,来自社会、父母以及个体自身的性别角色期待则表现得更为精细,也更为明显。比如对男孩子,一般倾向于他是具有男子气概的,如坚定、勇敢等;对女孩子,则希望她具有女性气质,如温顺、善良等(卢勤,苏彦捷,2003)。又比如,羞怯是人际交往中的一种普遍现象,但由于社会文化的影响,父母对男孩在社交中的羞怯表现比对女孩的羞怯表现更不能接受,特别是当男孩成长到一定年龄的时候尤其如此(Crozier,2002)。另外,即使是在同一种性别角色期待上,男性和女性对这种性别角色也存在不同的理解(王道阳等人,2005)。在父母行为方式上,有研究(邓丽芳等人,2006)认为,父亲对女孩更加偏爱,对男孩则更多严厉或者过分保护;而母亲则对男孩更多干涉和保护。

社会对父母的角色期待已经有所不同,同时父母(以及社会)对子女的性别角色期待也存在差异,这些差异的存在,必然会影响到父母与子女的交往行为,进而形成不同"性别关系"的亲子关系(具体而言是父子、父女、母子、母女关系),同时也意味着不同"性别关系"的亲子之间彼此区别的交往模式(Sorokou,Weissbrod,2005),而在个体成长的不同阶段,更会表现出不同的特点。

3.3 成长过程中的亲子依恋性别差异

由于自然的生育关系,从母亲怀孕到孩子出生、以及对婴儿的早期护养等方面,母亲均担负着比父亲更为重要的角色。在亲子依恋的最初研究中,为了观察亲子之间的依恋行为,作为被观察对象的看护人也主要是母亲(Ainsworth,1989)。随着研究的深入,研究者开始关注在亲子依恋过程中父亲与母亲的不同行为表现。事实上,在婴儿出生的最初几天,父母对待新生儿的情感反应即存在差异(Fiqueiredo *et al*,2007),相对来说,父亲的情绪更积极一些,他们的情感反应中更少恐惧、更多爱护,而在母亲的情感反应中则带有比较多的恐惧,以及一些与亲子依恋无关的复杂情绪体验。有研究显示,在婴儿期的亲子依恋中,母——婴依恋(infant—mother attachment)与父——婴依恋(infant—father attachment)之间的相关仅为 0.32,意味着来自父亲和母亲的两种不同依恋关系的存在(Cox *et al*,1992;Sorokou,Weissbrod,2005)。

在亲子关系的性别差异产生的原因上,一个针对 6 到 8 个月婴儿的亲子关系研究(Gaertner *et al*,2007)认为,父亲的权威态度(authoritarian views)和母亲的保护态度(protective attitudes)是影响亲子关系的两个重要因素,这种影响与前面综述中提到的父母角色期待有关;父亲的权威态度越强烈,则预示着他们照顾婴儿、同婴儿一起游戏活动的时间越少;同时,母亲的保护态度越强烈,也意味着父亲能够参与到亲子互动的时间越少;而陪伴时间是衡量父母与婴儿之间互动关系的重要标志。

另外,在影响亲子互动的多种因素中,除了陪伴时间之外,身体接触也是重要的影响因素之一,而陪伴时间与身体接触这两种因素所起的作用上,也因父母的不同而存在差异(Cox *et al*,1992):在母亲而言,她们与婴儿良好的身体接触是显示母亲与婴儿之间积极互动的更重要指标;而在父亲而言,与婴儿的陪伴时间则是衡量父亲与婴儿之间积极互动的更重要指标。

　　在子女成长过程中,由于年龄的不断增长以及社会活动能力的增加,父母与子女的关系呈现出更多的相互作用,同时也表现出更复杂的性别差异问题。在一个早期研究中(Hunter,Youniss,1982)发现,在父母对孩子的培养上,子女的感受是不一样的,男孩倾向于认为父亲比母亲对自己的培养更多,而女孩则没有感受到这种差别。另外,在子女成长过程中,女孩比男孩更愿意同父母谈论有关人际关系方面的亲密话题,母女关系也比母子关系显得更亲密一些(Larson *et al*,1996)。在另一个研究中(Sorokou,Weissbrod,2005)也发现青少年时期的女孩比男孩更依恋母亲。

　　在中国学者的研究中(于海琴,周宗奎,2002)也发现,在小学高年级(四、五、六年级)阶段,母亲同子女的依恋安全性显著高于父亲同子女的依恋安全性,同时也发现,在小学高年级阶段,母亲同子女的依恋安全性有随年级下降的趋势,而在父亲同子女的依恋关系上则未见这种趋势。中国学者石伟等人的研究(2004)发现,到了初中阶段,女生与父母的冲突多于男生,但女生依然更加亲近和依恋父母,在亲密程度上,母女关系的亲密程度最高,其次是母子关系,父子和父女关系的亲密程度则相对较低。

　　在针对青少年时期的亲子关系研究中,有研究者(Buist *et al*,2002)对不同性别关系(同性和异性)的亲子依恋质量进行了对比,他们认为,从亲子依恋的总体趋势上看,亲子之间的同性依恋关系(same－sex attachments)比异性依恋关系(different－sex attachments)的质量更高;而同时,同性亲子依恋在整个青少年时期(11岁到17岁)有逐渐下降的趋势,而这种趋势可能与青少年时期对父母的去理想化(deidealization of parents)有关。

　　上述结论同大多数其他研究者的发现是一致的(Larson *et al*,1996;于海琴,周宗奎,2002;Sorokou,Weissbrod,2005),虽然如此,仍然存在一些不一致的研究发现,比如有研究(吴念阳,张东昀,2004)针对我国上海市区中学生的调查研究显示，从父母与子女的不良关系上看，母亲在与子女关系中存在的问题比父亲更多，而这种差异同母亲担负着比父亲更多教养子女的责任，因而出现更多干涉子女行为的现象有关。

在父母对待子女的态度和教养观念上，也同时涉及到文化差异的问题，比如在一个文化比较研究中（王欣，Marsella，1999）发现，同欧美大学生比较，中国文化背景下的大学生亲子关系呈现出一种矛盾的心态：一方面，他们表示对自己与父母的关系感到满意，另一方面又表示对父母期望过高并试图控制他们感到不满，同时对父母的付出感到内疚。

从上述的研究综述中我们可以看到，亲子依恋的性别差异问题是复杂的，不仅与父母和子女的性别角色期待有关，与子女成长过程中不同阶段所表现出的特点有关，也同大的文化背景有关。在以往的研究中，主要是针对儿童、青少年亲子依恋的性别差异问题，对于大学生而言，他们开始离开父母独立生活，生理和心理也开始变得成熟起来，这种身心两方面的变化是否对他们的亲子依恋表征产生影响，以至于在性别差异问题上表现出不同的特点，相关研究尚不多见。

对于成年人（或大学生）而言，往往由于生活的相对独立，他们同父母的交往不再像从前那样能够处于经常性的互动和交流中，但他们同父母的依恋关系仍然在一个更大的时间和空间内发生作用，对于安全型依恋关系而言，如果他们同父母长期分离，仍然会间歇性地产生重聚的愿望，而重聚也常常意味着快乐和满足（Ainsworth，1989）。因此，他们同父母的依恋关系并没有因为时间和空间距离的加大而中断，而内在的依恋表征也会继续存在并发生影响（周春燕，黄希庭，2004），但在性别差异问题上可能表现出来的新的特点尚需进一步的考察。

4 亲子依恋与婚恋及同伴关系

个体最初的交往对象是父母，因此亲子关系是个体在婴儿时期主要的人际关系形式,而随着个体的成长,从幼儿园和小学开始,个体接触的交往对象从最初的父母逐渐过渡到同伴、老师等越来越广泛的交往对象。

同伴关系是个体成长过程中首先建立起来的、不同于亲子依恋的另一种重要的亲密人际关系(Takahashi,2005)。在这个过程中,亲子依恋依然占据着最重要的地位,而同伴之间亲密关系的建立和维持也开始显得越来越重要(Hunter,Youniss,1982)。到了青春期以后,个体开始发展出一种新的人际关系形式,即异性关系。由异性关系出发而形成恋爱关系和婚姻关系可以统称为婚恋关系。一般认为,除了亲子关系以外,在大学以前,亲密关系的主要形式仍然是同伴关系,但也有研究者将青春期的同伴关系区分为同性同伴关系和异性同伴关系(Miller,1990)。到了大学阶段,恋爱关系则上升为一种重要的人际关系,直到结为夫妻而演变为婚姻关系(Takahashi,2005)。依恋理论的相关研究认为,在所有的亲密关系中,亲子依恋是个体成长过程中包括同伴关系和婚恋关系在内的其他人际关系的重要基础,对人际关系的态度和行为有着重要的影响(Hazan,Shaver,1987;Feeney,Noller,1990;Collins,Read,1990;Kerns *et al*,1996;Samuolis *et al*,2001;Conger *et al*,2000;Donnellan *et al*,2005)。

在下面的两个部分中,分别涉及到亲子依恋与婚恋关系和同伴关系之间的内在联系和性别差异问题,为了使"性别关系"更加明确,异性同伴关系也将被纳入到婚恋关系中来讨论。

4.1 亲子依恋与婚恋关系

婚恋关系主要涉及到恋爱和婚姻关系两个方面,从青少年时期开始,伴随着生理或激素的变化,个体便开始有意识地寻求同异性之间的交往,虽然这种交往并不总是意味着明确的婚恋关系。有研究者认为(Cassidy,2000),婚恋关系需要三大系统的维持,包括依恋系统(attachment system)、照顾系统(caregiving system)和生殖(性)系统(sexual system)三者;而依恋系统的主要作用是维持婚恋关系的情感纽带和提供安全基地。依恋理论认为(Ainsworth,1989),对人类个体而言,异性之间的交往未必伴随着情感纽带的形成,在异性关系的开始阶段,性吸引可能是最重要的方面,但随着关系的持续,相互之间的照顾和依恋关系会变得越来越重要;而到了成年阶段,人们则倾向于通过婚姻的形式来促成和保障这种异性之间的情感纽带;在一个相对稳定的异性关系中,不管是否存在婚姻关系,都将形成相互依恋的情感纽带。

在亲子依恋与婚恋依恋的关系上,Hazan 和 Shaver(1987)最先指出,婚恋关系中的情感联结也可以被理解为一种类似亲子之间的依恋关系,二者表现出许多共同的特征,比如都有身体上的亲密接触,当对方在附近且关注自己时感到安全,当对方难以接近时感到不安,愿意和对方分享自己的新发现,喜欢拿对方的面部特征逗趣,迷恋对方等;研究者还进一步推论,婚恋关系中的个体差异是源于早期依恋经验中形成的对于亲密关系的普遍预期和信念,并将成人的婚恋关系区分为与亲子依恋类似的三种类型,即安全型、回避型和矛盾型。

在婚恋依恋关系中,不同类型之间的差异不仅表现在如身体接触等亲密行为和相互信赖的程度上,同时也表现在与婚恋关系有关的情绪管理和性体验等多个方面,如有研究者认为(Birnbaum *et al*,2006),婚恋关系中,矛盾型的婚恋关系取向者习惯于同时扩大与异性交往中的积极和消极两种不同的情感,因而对两性关系常常抱有矛盾心理;回避型的婚恋关系取向者则对异性关系中的积极和消极两种情感体验都是抑制的。

自从 Hazan 和 Shaver(1987)从亲子依恋的角度对婚恋关系进行比较分析以来,很多研究者试图寻找亲子依恋对婚恋关系的影响,并认为早期亲子关系能够显著预测成人的婚恋关系。比如有研究(Feeney,Noller,1990)显示:婚恋关系中的安全型依恋类型同早期亲子之间的积极互动显著相关,回避型婚恋依恋者则显示他们同父母之间可能存在长期分离的早期经历以及对一般交往对象普遍的不信任感,矛盾型依恋者则显示他们在早期的亲子关系中相对缺乏独立意识的培养以及存在对亲密关系承诺的更多需要。另一些跟踪研究(Conger *et al*,2000;Donnellan *et al*,2005)也发现,早期亲子依恋关系能够显著预测成年后的婚恋关系质量,早期的安全型亲子依恋关系意味着在婚恋关系中能够拥有更多的温暖和支持,相互之间的敌意也更少发生。

从以往的研究中可以看到,亲子依恋关系对成人婚恋关系的影响是显著的。问题是,如果亲子依恋本身存在显著的性别差异,那么这种性别差异势必会体现在亲子依恋对婚恋依恋的影响上。早期的研究者(Hazan,Shaver,1987)便指出,在对成人婚恋关系的影响上,来自父亲和母亲的影响是不同的,在母亲的影响方面,主要是母亲对子女的尊重、信心、接纳、积极反应和非干涉的态度,而在父亲的影响方面,主要是父亲对子女的照顾、关心、慈爱和幽默态度。一个针对大学生的研究(Matsuoka *et al*,2006)显示,对男性大学生而言,他们同父亲的早期依恋关系能够更好地预测他们的婚恋依恋表征,同时母亲的肯定和对孩子自主性的尊重对男性大学生的婚恋依恋表征也具有重要作用;对于女性大学生而言,则显示她们同母亲的早期依恋关系能够更好地预测她们的婚恋依恋表征。

另外,婚恋关系中来自父母的影响也存在文化差异的问题,在一个跨文化研究中(王欣,Marsella,1999)显示,欧美大学生在异性交往中比中国大学生显得更成熟一些,而这种差异与不同文化背景中父母对待子女的态度是有关的。但从目前的研究资料上看,虽然一致认为亲子依恋与婚恋关系之间存在相当程度的一致性和相似性,显示了婚恋关系中来自父母的重要影响,但是这种影响与亲子依恋本身的性别差异存在怎样的联系,尚缺乏有针对性的研究。

4.2 亲子依恋与同伴关系

同伴关系主要是指儿童、青少年时期在年龄、心理和社会性发展等方面比较接近的伙伴关系,因而具有明显的平等性。研究者(Ainsworth,1989)认为,在社会性群体中,同伴关系可以理解为同类之间彼此接近的一种倾向,而这种倾向对于个体生存与发展具有重要的意义,因此从个体适应的角度上看,它与人类的依恋系统一样,同属于基本的行为系统。从同伴关系的性质上看,它是个体与有限数量的同伴之间的关系,同伴关系的对象是具体的个人,而不是一个抽象的集体,其基本特征表现在与对方共享成功和分担失败等方面(Campbell et al,2000)。同伴之间的情感互动对于个体成长有着重要的作用,而在儿童、青少年时期的同伴关系常常可以预测个体未来的社会适应状况(Parker,Asher,1987;Ainsworth,1989;Wentzel et al,2002)。另外,同伴关系的重要性也存在文化上的差异(叶子,庞丽娟,1999),比如在西方特别是欧美国家,由于普遍强调儿童的独立性,因而其同伴关系对于他们成长的重要性尤为突出;而在亚洲文化中,由于强调父母权威和教师权威,同伴关系的重要性则显得没有那么突出,因而对于中国儿童和青少年而言,亲子关系在相当长时间内的影响力和重要性要高于同伴关系。

与亲子关系和婚恋关系一样,同伴关系也常常被理解为一种依恋关系(Furman et al,2002)。有研究(Hunter,Youniss,1982)认为,在整个青少年时期,同伴关系的亲密程度是随年龄呈上升趋势的,而女孩之间的同伴关系比男孩显得更亲密。中国学者的跨文化研究也显示,女性青少年在同伴沟通能力和信任程度上显著高于男性青少年(包克冰,徐琴美,2006)。从同伴关系的不同依恋类型上看,有研究者(Noller,2005)发现,对于不安全型依恋类型而言,由于他们与交往对象的亲近行为和表达方式常常不容易被对方接受,因而使得他们在同伴之间难以形成安全而亲密的关系。因此,不安全依恋类型的儿童更容易出现社交退缩行为(郑淑杰,陈会昌,2005)。

在亲子依恋对同伴关系的影响上,有研究表明,亲子依恋对同伴关系具有显著的预测作用。比如在 Furman 等人(2002)的研究中发现,亲子依恋与同伴依恋之间在安全型、回避型和矛盾型等不同依恋类型上相关系数分别达到 0.41、0.47 和 0.61，显示两种依恋关系在依恋模式上存在较大的一致性。不仅如此，更有研究表明，在对同伴关系的影响上，来自父亲和母亲的作用存在显著差异。比如有研究(Lieberman *et al*，1999)认为，与父亲(而不是母亲)的依恋关系能够更好地预测同伴之间的冲突。另一个研究(Kerns *et al*，1996)则显示，在青少年时期同母亲的依恋安全性越高，则意味着越能够被同伴接纳，获得更多友谊，并在同伴之间表现出更多的相互支持。在 Ducharme 等人(2002)的研究中则同时比较了同伴关系中来自父亲和母亲的不同影响，发现青少年同母亲的依恋安全性越高，他们的情绪表达能力则越强，在同伴交往中更少采用消极的人际策略；而同父亲的依恋安全性越高，则意味着同伴交往的冲突越少。

显然，上述这些西方学者的研究在父母对子女同伴关系影响的性别差异问题上，结论是相当一致的。但在中国学者的研究中，这种来自父母对同伴关系影响的性别差异则略有不同。在中国学者的研究中(于海琴，周宗奎，2002；李晓东等人，2002)发现，虽然亲子依恋是儿童、青少年时期影响同伴关系的重要因素之一，但研究者认为母亲的影响更大于父亲。在进一步的研究中(于海琴，周宗奎，2004)发现，由于在童年时期主要是由母亲在照顾孩子，母亲能够大量参与到儿童的社交活动中去，因而母亲对子女的人际交往态度和社交技巧有着重大而直接的影响，子女与母亲的依恋关系不仅能够预测他们的同伴关系质量，同时也可以预测同伴关系的数量；从父亲的角度上看，虽然子女与父亲的依恋关系对他们在同伴交往数量上的影响不如母亲，但在同伴关系的质量上，子女与父亲的依恋关系仍然具有相当的预测力。

以上这些研究在考察亲子依恋对同伴关系的影响上，其共同之处在于，一方面，它们主要是以儿童、青少年为分析对象的；另一方面，在性别差异问题上，注重分析来自父母(亲代)的性别差异，而较少考虑到子女(子代)可能存在的性别差异问题(如男性同伴与女性同伴之间的差异问题)。

5　亲子依恋与一般依恋表征

依恋理论认为（Hazan，Shaver，1987；Bartholomew，Horowitz，1991），儿童时期与父母的依恋关系逐渐内化，一方面形成对具体关系的心理预期，另一方面也会以早期的依恋关系为原型（prototype）形成对其他人际关系的普遍预期，而这种普遍的心理预期包含着两个重要的方面，其一：在个体的判断中，作为依恋对象的他人，在其一般的日常交往中能否做出积极回应并提供支持和保护；其二：在个体的判断中，作为依恋关系中的自我，是否被认可为能够获得普遍的他人，特别是重要关系对象的积极回应和帮助。上述对依恋关系的"他人"和"自我"的普遍预期通常被称为依恋的工作模型（working models），对"他人"的一般看法被称为"他人模型（model of other）"，对"自我"的一般看法被称为"自我模型（model of self）"。也有研究者借用工作模型的概念来指代某种具体的关系表征，如亲子、同伴和婚恋依恋表征等（Matsushima R，Shiomi，2001；Furman *et al*，2002），因此，为了避免在概念上发生混淆，本研究将这种基于非特定对象的依恋工作模型称为一般依恋表征（general attachment representation）（Cash *et al*，2004）。

在一般依恋表征中，无论是对他人还是对自我的看法，均属于个体对人际关系表征的一种抽象观念，并可以区分出积极和消极两种倾向（Bartholomew，Horowitz，1991）。自我模型与他人模型可以看作是一般依恋表征中两个相对独立的维度，两个维度与各自的积极和消极两种倾向共同构成了四种不同的依恋类型：安全型（secure）依恋倾向者的自我模型和他人模型均是积极的，即认为自己值得获取别人的爱与支持，同时也认为他人能够寄予希望和值得信赖；独占型（preoccupied）依恋倾向者的自我模型是消极的，而他人模型则是积极的，这种类型意味着个体有否定自我价值的倾向,对他人却抱有积极的态度,因而迫切需要得到他人的接纳与认可,并从中获得对自我的接纳与认可;轻视——回避型(dismissing—avoidant)依恋倾向者的自我模型是肯定的,他人模型却是否定的,这种依恋类型者为了避免在人际关系上可能的挫折与失望,倾向于回避亲密关系,并保持一种特立独行的交往风格;害怕——回避型(fearful—avoidant)依恋倾向者的自我模型与他人模型均是否定的,这种依恋类型者倾向于否定自我价值,同时也认为他人是常怀拒绝态度和不可信赖的。

以上对一般依恋表征四类型的划分同早期研究者(Hazan,Shaver,1987;Ainsworth,1989)对亲子依恋和成人婚恋中的三类型划分存在一定的对应关系。一般依恋表征四类型中的"安全型"与三类型中的"安全型"是对应的,四类型中的"独占型"与三类型中的"矛盾型"是对应的,四类型中的"害怕——回避型"与三类型中的"回避型"是大致对应的(Bartholomew,Horowitz,1991)。需要特别说明的是,在亲密关系研究领域,不同的研究者从各自需要和对依恋关系的理解出发,或直接从自我模型和他人模型的角度来考察和分析问题(Collins,Read,1990),或从依恋表征四类型的角度来考察和分析问题(Cash *et al*,2004),或参照 Hazan 和 Shaver(1987)从成人婚恋依恋角度提出的依恋表征三类型作为成人一般依恋表征来考察和分析问题(Banai *et al*,1998),并没有统一的标准。

从一般依恋表征不同类型上看,有研究(Banai *et al*,1998)发现,被试通过自我报告的一般依恋表征四类型不仅同他们的亲密朋友对他们的评价高度一致,甚至同陌生谈话对象的评价也高度一致,因此可以认为,每一种依恋类型均可以被看作是一组可观察的人际特质(interpersonal traits)相互关联和不可分割的有机组合。而且在人际知觉中,人们确实倾向于通过几种类型来组织信息(Anderson,Sedikides,1991)。

在一般依恋表征的自我与他人模型两个维度上,有研究认为,在一般人际交往中个体对自我和他人的看法存在一定的关联(Pemberton,

Sedikides，2001），二者都是个体不断的人际交往互动中形成的内部心理结构，并以此来解释和预期人际交往行为（Moretti，Higgins，1999）。同消极的自我与他人模型比较，具有积极自我和他人模型者存在更多的自我表露，特别是在表露的灵活性和相互性方面（Mikulincer，Nachshon，1991），同时具有更平衡、复杂和一致的自我表征（Mikulincer，1995），对亲密交往对象也更加信任（Mikulincer，1998）。

在亲子依恋对依恋工作模型的影响上，有针对儿童自我模型的研究（Verschueren，Marcoen，1999）显示，与母亲（而不是父亲）的依恋安全性能够更好地预测儿童的积极自我模型。另一些针对青少年时期的研究（Kerns *et al*，1996；Ducharme *et al*，2002）也显示，与母亲（而不是父亲）的依恋安全性越高，则意味着越能够被同伴接纳，交往中表现出更多的相互支持，更少采用消极的人际策略，显示了在人际关系中的自信和对自我价值的认可（Lieberman *et al*，1999）。在亲子依恋对成人一般依恋表征的影响上，以往的研究往往将一般依恋表征理解为非确定对象的婚恋依恋关系加以考察（Feeney，Noller，1990；Conger *et al*，2000；Donnellan *et al*，2005），而专门针对亲子依恋对一般依恋表征影响的性别差异研究显得十分缺乏。

6 亲子依恋与人际关系中的孤独体验

在本论文研究中，除了考察亲子依恋对其他人际关系表征影响的性别差异之外，还涉及到亲子依恋对人际关系中孤独体验影响的性别差异问题。孤独（loneliness）反映了个体在人际关系的重要信息，通常被认为是缺乏良好人际关系的表现（Takahashi，2005）。孤独体验不同于独处（aloneness），前者是指在人际交往关系中的消极情感体验（Rotenberg *et al*，2004），而后者则被认为是个体成长过程中自我认同发展的重要经验之一(Buchholz,Catton,1999；Rokach,2004)。在孤独体验与人际关系表征的相关研究中发现,从成人依恋类型上看,不安全型依恋类型同孤独感呈显著相关(Larose *et al*,2002；Al－Yagon,Mikulincer,2004；Wei *et al*,2005),特别是回避型依恋倾向者同孤独感存在高相关(Kobak,Sceery,1988；Eng.*et al*,2001),而矛盾型个体则表现出更多的社交焦虑(Eng *et al*,2001)。在针对同伴依恋与孤独感的相关研究中发现,同伴之间的不安全依恋与孤独感也存在高相关(DiTommaso,Spinner,1997；Leondari,Kiosseoglou,2000；Wentzel *et al*,2004),同时也有研究显示,同伴交往中的孤独感可以追溯到个体早期与父母的交往经历和依恋关系(Bogaerts *et al*,2006)。在我国学者的研究中也发现,亲子关系的不安全依恋对儿童社交退缩行为与孤独表现有显著预测作用(郑淑杰,陈会昌,2005)。

另外,在父母的养育态度对子女人际交往孤独感的影响上,一个针对8到12岁儿童的研究发现(de Minzi,2006),父母对子女影响的性别差异效应也是十分显著的:父母的接纳、特别是父亲的不适当控制是预测男孩孤独感的重要因素;而对女孩孤独感而言,首要的预测因子是父亲的接纳,其次为母亲的接纳和不适当控制。另有研究(Anderson *et al*,1994)认为,亲子依恋表征之所以能够预测个体未来人际交往中的孤独感,可能同个体在亲子之间不安全依恋模式下形成的自我责备(self－blame)倾向有关,因为过度的自我责备影响着正常人际交往中的自我表露和人际互动,进而产生孤独感。

在针对孤独感的研究中,有些研究者(Qualter,Munn,2002；Hughes *et al*,2004)对不同类型的孤独感进行了区分,认为缺乏社交活动未必感到孤独,而拥有比较多的社交活动却有可能感到孤独;人际关系的数量和质量是有区别的。因此,研究者常常将孤独区分为情感孤独(emotional loneliness)和社会孤独(social loneliness)两类:一般的人际交往提供个体同他人保持联系的感觉,如果缺乏这种关系,缺乏与社会网络的整合（Gaertner *et al*，1999），个体便会产生社会孤独，它与个体交往的朋友数量有关；情感孤独则不同，它往往指缺乏亲密的人际关系，缺乏可以亲近的对象，情感上被隔离，而与人际交往的数量无关（Qualter，Munn，2002；Rokach，2004）。而从个体的社会适应上看，人际关系的质量比数量更为重要（Cooper *et al*，1995）。

在不同的人际关系对孤独感的影响上，有研究者（Bogaerts *et al*，2006）认为，亲子依恋安全性问题是大学生产生感情孤独的重要原因；而社会孤独则同个体一般的人际交往态度有关。但必须注意的是，在孤独感的影响因素上，存在较大的文化差异，比如在一个跨文化研究中（Malikiosi—Loizos，Anderson，1999）发现，对于希腊女性而言，缺乏亲密关系意味着情感孤独，而缺乏一般的朋友和社会支持则意味着社会孤独；而相比之下，对于美国女性而言，人际关系数量和质量与孤独感的关系却没有那么密切。

另外有研究针对的是具体关系中的孤独体验，比如在亲子依恋对儿童因缺乏亲密的同伴关系而产生的孤独感影响研究中（de Minzi，2006）发现，来自父亲和母亲的影响存在明显的性别差异，母亲的影响主要表现在因缺乏同伴亲密关系而产生的孤独感，而对男孩的影响主要是母亲的信赖，对女孩的影响主要是母亲的积极回应；父亲的影响主要体现在因缺乏社会认可引起的孤独感，特别表现在对男孩的影响上。在另一个针对于青少年的研究中也发现，与母亲（而不是父亲）的依恋关系对因缺乏亲密人际关系而产生的孤独感影响更大（Kerns *et al*，1996）。

在针对我国大学生的一个研究中（邓丽芳等人，2006）则涉及到因亲情、异性关系和一般人际关系所引起的孤独感，研究发现，总体上看女性大学生的孤独感水平显著低于男生；亲子之间的温暖和理解能够减少大学生的孤独感，同时也存在来自父母的性别差异：一方面，父亲的严厉和惩罚能够显著预测大学生在亲情孤独感上的增加，同时在异性亲密关系上孤独感的减少；另一方面，母亲的干涉保护能够显著预测大学生在亲情孤独感上的减少,同时预测大学生在一般人际关系中孤独感的增加。

以往的研究虽然涉及到亲子关系对不同类型孤独感影响上的性别差异问题,但由于不同研究者针对的被试群体和测量方法上的不同,尚难以获得在性别差异问题上比较明确的认识。

7 依恋表征的启动与激活效应

在亲密关系研究领域,一个新的研究取向是通过启动(priming)或记忆激活(activation)的方式操纵个体的亲密关系记忆,借以考察其在不同条件下的启动或激活效应(Sedikides,2005)。有研究者(Broemer, Blumle,2003)比较了具有积极或消极自我模型的两类被试在积极或消极信息背景中自我评价的变化,研究者首先通过自我报告法区分出具有积极或消极自我模型的两类被试,结果发现,对具有消极自我模型的被试而言,积极的信息输入使他们的自我评价变得更积极,消极的信息输入使他们的自我评价变得更消极;而对于具有积极自我模型的个体而言,其自我评价则较少受到外在信息的影响。在此基础上,研究者安排了一个想象任务实验,要求被试想象一种积极或消极的自我模型,结果发现,通过想象任务的实验操纵得到的两类被试表现与前面通过自我报告法测量得到的两类被试表现是一样的。

因此,通过启动与记忆激活的实验方法可以有效控制无关变量,以考察依恋关系本身的作用。在一些研究中通过回忆、阅读故事或词汇呈现等方式来激活被试的安全依恋表征,发现良好的依恋关系记忆激活能够显著提高被试的同情反应、对他人需求的敏感程度以及利他行为(Mikulincer *et al*,2001;Mikulincer *et al*,2005),减轻焦虑(Mikulincer *et al*,2003),降低应激水平(McGowan,2002),提高探索意识(Green J D, Campbell,2000)等。

伴随于良好亲密关系记忆激活的一个明显效应是被试的积极情绪和自尊水平提高了(Tesser,2000;周爱保等人,2005),比如在国内学者的研究中(周爱保等人,2005)利用"母子图"作为安全基地图片,结果发现,安全基地图片对积极情感的启动效应非常明显,而且阈上、临界、阈下呈现启动图片的不同条件下对积极情感的启动效果很稳定。研究者认为,每个人都有安全依恋经验,形成潜意识的情绪,并在意识中或意识之外影响个体的认知和行为;通过真实或想象的情境能够激活人们的依恋安全性,唤醒人们类似的记忆,并抑制其他不一致的记忆。

安全依恋记忆激活所产生的效应常常是多方面的,有研究(Kumash-iro,Sedikides,2005)显示,安全记忆激活能够显著提高被试对"消极自我"信息的接受程度,同时又发现,这种效应并不能由与记忆激活相伴随的积极情绪或好的心境来解释。从依恋关系的本质上看,其显著特点就是为个体提供了一个与社会交往互动的"安全基地"(Bartholomew,Horowitz,1991;Mikulincer,Florian,2001),而亲密关系的记忆激活效应可能正是这种"安全基地"在发挥作用(周爱保等人,2005)。

通过记忆激活的方式考察亲密关系及其影响是一种有效的研究方法(Sedikides,2005),但在本论文所关注的性别差异问题上,涉及到不同关系对象的依恋记忆激活问题,目前尚缺乏相关研究。

8 总 结

自从依恋理论提出以来,针对不同关系对象(如亲子、同伴、婚恋关系对象等)依恋表征之间内在联系的研究发现不断涌现,而其中的性别差异问题也常常为研究者所重视,但从总体上看,由于性别差异问题本身的复杂性,以往对这个问题的研究仍然是零散的。

从亲子依恋关系上看,既涉及到亲代(父亲、母亲)性别差异问题,也涉及到子代(男孩、女孩)性别差异问题,而从性别关系上则可以区分出同性与异性亲子关系,从性别构成上又可以区分出父子、母子、父女和母女等四种关系形式,再考虑到个体成长过程中的身心变化以及文化差异对亲子依恋造成的影响,性别差异问题就变得更为复杂。

从亲子依恋对其他人际关系表征的影响上看,性别差异问题的复杂性表现得更为突出。一方面是亲子依恋本身的性别差异问题仍然存在,另一方面则是在其他人际关系表征上,至少可以从三个角度对性别差异问题进行考察:第一个角度涉及到具体的亲密关系对象,如同伴关系和婚恋关系,而同伴关系本身也可以再区分为同性同伴与异性同伴两种不同的关系形式;第二个角度涉及到关系对象不确定的一般依恋表征,而在一般依恋表征上是否存在对一般男性和一般女性的依恋表征差异,以往的研究均未能涉及;第三个角度涉及到与人际关系密切相关的情感体验与行为表现,比如因人际关系缺乏而产生的孤独体验,在性别差异上是否存在与人际关系表征相类似的表现,仍然是有待考察的问题。

综上所述,在亲子依恋对其他人际关系表征的影响上,性别差异问题常常是研究者不能回避的一个重要方面,虽然以往的研究多有涉及,但从整体而言,对性别差异问题的探讨仍然显得零散和缺乏条理,没有能够就不同对象的依恋表征之间所包含的性别关系要素整理出一个清晰的脉络。

第二章　问题提出、研究方案及研究的意义

1　问题提出

依恋理论提出以来,亲子依恋及其对个体其他人际关系表征的影响便受到广泛重视,同时也有许多研究不可避免地涉及到性别差异问题。但从目前的文献资料上看,以往的研究往往只是对性别差异进行简单的描述,而缺乏比较系统的研究,不同的研究结论也显得错综复杂、甚至相互矛盾;对于性别差异问题产生的原因也没有上升到理论的高度,因而难以对性别差异问题形成一个明确的概念(侯珂等人,2005)。本研究主要针对我国大学生群体,在亲子依恋对大学生人际关系表征的影响上,以依恋关系中的"性别关系(同性、异性)"为核心提出以下亟待解决的问题。

1.1　大学生亲子依恋的性别差异问题

为了考察亲子依恋对大学生人际关系表征影响的性别差异,首先需要明确亲子依恋本身的性别差异问题。对亲子依恋的性别差异进行分析,包含着两个方面,一是来自父母的性别差异(亲代性别差异),二是来自子女的性别差异(子代性别差异),虽然二者常常交织在一起,但在很多研究中往往把它们分开进行讨论。比如在有的研究中首先考虑的是父母的性别差异问题,也就是亲子依恋的亲代性别差异问题(Ainsworth,

1989；Buist *et al*，2002）；而另一些研究则主要考察子代性别差异，而忽略了亲代性别差异（Larson *et al*，1996）。

在同时考虑到亲代和子代性别差异的研究中，由于不同的研究侧重点不同，以及文化差异的问题，在亲子依恋的性别差异问题上结论并不一致。国外研究认为，在青少年时期，亲子之间的同性依恋关系（如父子、母女关系）比异性依恋关系（如父女、母子关系）的质量更高（Larson *et al*，1996；Buist *et al*，2002）。在我国学者的研究中，有的研究者（于海琴，周宗奎，2002）发现，母亲同子女的依恋安全性要显著高于父亲同子女的依恋安全性，但同时母亲同子女的依恋关系有随年龄下降的趋势；另有研究（吴念阳，张东昀，2004）却得到不一致的结论，发现到了青春期，父亲同子女的关系要好于母亲同子女的关系，而且研究者认为，这种差异同母亲长期处于"家庭管理"的角色而对子女施加过多干涉有关。

针对中国大学生群体的亲子依恋表征性别差异问题，我们认为，首先，国外的研究资料未必适合中国大学生的具体情况；其次，以往研究中针对青少年群体的研究结果在他们离开父母进入大学阶段以后，亲子依恋的某些特点和发展趋势可能会出现新的变化。

对于中国大学生亲子依恋表征的性别差异问题，本研究作如下考虑：

首先，大学生（特别是对于低年级大学生而言）第一次离开父母生活，同时也是从高中阶段的繁重学习任务中脱离出来，这样他们可能有机会对过去的亲子关系进行反思，这种反思的结果可能造成他们对父母的看法有所改变。

其次，从父母的地位上看，在我国家庭中，父亲一般作为家庭的经济支柱，其作用常常随着孩子的成长不断加强，而母亲作为家庭的主要照顾者，随着子女离开家庭，母亲的作用可能会继续下降。

最后，从"性别关系"上看，一方面，"同性关系"的亲子依恋（男孩对父亲、女孩对母亲）在整个青少年时期（11岁到17岁）有逐渐下降的趋势（Buist *et al*，2002）；另一方面，大学生开始对异性产生更多的兴趣和更深入的交往，这种对异性的兴趣和情感上的需求可能会影响到对异性父母的关系表征。

基于以上考虑,本研究认为,在我国大学生群体中,对男性大学生而言,青少年时期的母子依恋安全性高于父子依恋安全性的倾向(石伟等人,2004)可能会继续保留,并可能会因为对异性情感上的需求而得到加强;对女性大学生而言,虽然在青少年时期她们与母亲的关系最亲密(于海琴,周宗奎,2002;石伟等人,2004),而且同母亲交流也更多(Larson *et al*,1996),但在她们进入大学以后,由于她们与母亲的情感交流可能会比男性大学生更容易转移到女性同伴或异性朋友身上(Barry,Wentzel,2006),因此在大学阶段,她们同母亲的依恋安全性可能会继续下降,因而在总体上来看,她们在青少年时期同母亲的依恋安全性高于她们同父亲的依恋安全性这种趋势在大学阶段可能会削弱甚至消失。

1.2 亲子依恋对大学生亲密关系表征影响的性别差异

依恋关系不仅存在于个体与父母之间,同时也存在于个体与同伴或恋人等亲密关系中。研究显示,在不同对象的依恋关系中,亲子依恋不仅是个体最早出现和最重要的依恋关系,同时也对其他依恋关系产生重要影响(Feeney,Noller,1990;Conger *et al*,2000;Donnellan *et al*,2005)。

从大学生异性之间的亲密关系上看,虽然有关亲子依恋影响子女异性交往的研究比较多见(Feeney,Noller,1990;Conger *et al*,2000;Linder,Collins,2005),但这些研究均缺乏对性别差异问题进行细致的分析。在国外一个早期的研究中(Hazan,Shaver,1987)涉及到了亲子关系对子女异性亲密关系影响的性别差异,发现在母亲的影响方面,主要是母亲对子女的尊重、信心、接纳、积极反应和非干涉的态度,而在父亲的影响方面,主要是父亲对子女的照顾、关心、慈爱和幽默的态度。在我国学者的研究中(李同归等人,2006)则发现,具有不安全依恋模式的中学生具有更高的异性交往倾向,研究者认为,中学生逐渐开始从对父母依恋转向其他亲密关系,当他们在同辈交往中产生依恋焦虑时候,非常渴望得到一种情感上的安慰和支持,以达到内心的平衡,因此将这种情感指向同龄中的异性,这是一种寻找安全基地的行为。

从这些研究中我们看到,一方面在对子女异性关系的影响上,父亲和母亲之间存在显著差异;另一方面,针对李同归等人(2006)的研究发现,本研究从"性别关系"上提出,为什么中学生产生人际依恋焦虑的时候会倾向于异性交往而不是同伴(同性朋友)交往呢?虽然在上面的研究中并没有涉及到亲子依恋问题,我们是否可以假设,正是因为中学生同异性(而不是同性)关系的父(母)存在不良的关系模式,才导致他们更倾向于同辈之间的异性交往呢?而针对大学生群体而言,我们是否可以进一步从"性别关系"上假设,来自异性(而不是同性)关系的亲子依恋安全性能够更好地预测大学生的异性亲密关系呢?

从同伴关系上看,以往的研究往往针对的是儿童和青少年,而在亲子依恋对同伴关系的影响上,结论也不太一致。如有研究(Lieberman *et al*,1999)认为,来自父亲的依恋关系比母亲的依恋关系对青少年同伴之间的冲突具有更好的预测力;而在另一个研究中(Kerns *et al*,1996)则显示,青少年同母亲的依恋安全性越高,则越能够被同伴所接纳,并获得更多友谊;在我国学者的研究中(于海琴,周宗奎,2002;李晓东等人,2002)也发现,在对儿童同伴关系的影响上,母亲的作用大于父亲。显然,在儿童青少年时期,来自父母的影响存在显著的差异;那么在大学生群体中,由于生活环境的改变以及成熟等原因,亲子依恋对大学生同伴关系影响的特点是否会有所改变呢?

如果将大学生同伴和异性亲密关系进行综合考虑,一方面,个体的依恋安全性会因不同的依恋对象而发生变化(Cox *et al*,1992;Sorokou,Weissbrod,2005),也就是说,个体在不同对象的人际关系中,其依恋安全性有不同的表现;另一方面,不同的依恋关系又表现出某种内在联系和一致性,或者说,子女在其他亲密交往中的行为模式和心理预期在相当程度上以早期的亲子依恋模式为参照(Hazan，Shaver1987；Linder，Collins，2005；Conger *et al*，2000；Donnellan *et al*，2005)，那么，不同对象的依恋表征之间存在的内在联系和一致性是否可以从"性别关系"上得到体现呢？

本研究认为，在相同的"性别关系"之间可能存在类似的依恋表征。比如，对男性大学生而言，他们早期与父亲(而不是母亲)的依恋模式可能更多地迁移到他们与同伴(同性朋友)关系中，而他们早期与母亲(而不是父亲)的依恋模式可能更多地迁移到他们与异性之间的亲密关系。而对于女性大学生而言，也可能具有类似的"性别关系"表现。

1.3　亲子依恋对大学生一般依恋表征影响的性别差异

亲子依恋对大学生一般依恋表征影响的性别差异问题实际上是对前面提出的"性别关系"问题更进一步思考。

依恋理论认为，无论是个体与独特而具体交往对象(如亲子之间)的依恋表征，还是与某一类交往对象(如同伴和恋人之间)的依恋表征，以及最抽象的一般依恋工作模型，它们同属于个体的依恋系统，既相互区别又内在联系着(Imamoglu，Imamoglu，2006)。在以往有关一般依恋表征的研究中(Hazan，Shaver，1987；Bartholomew，Horowitz，1991；Collins，1996；Sedikides，Koole，2004)，作为一般依恋对象的均是不作性别区分的概括化他人，而鉴于一般依恋表征是具体依恋关系的概括与抽象化的结果，如果在具体的依恋关系(如亲子关系、同伴和异性亲密关系等)中存在不同的性别关系对象，那么在抽象层面上，也应该存在对"一般男性"和"一般女性"的依恋表征。

在此基础上，本研究认为，如果从亲子依恋对大学生一般依恋表征影响的性别差异上进行考察，我们同样可以提出与前面针对大学生亲密关系表征相类似的问题，即同样存在亲子依恋对一般关系表征影响的性别差异问题。从"性别关系"上看，是否可以认为，来自父亲(而不是母亲)的

亲子依恋对大学生人际关系影响的性别效应

影响主要表现在对"一般男性"的依恋表征上,而来自母亲(而不是父亲)的影响主要表现在对"一般女性"的依恋表征上呢?

1.4 亲子依恋对大学生感情和社会孤独影响的性别差异

在前面提出的问题中均是从大学生人际关系表征本身来考虑的,在这个部分试图从"人际关系缺乏"这个角度提出相关问题,并围绕亲子依恋对人际孤独感影响的"性别关系"问题做进一步分析。

孤独感通常被认为是缺乏良好人际关系的表现(Takahashi,2005),而在以往的研究中发现,个体的依恋表征不仅同孤独感显著相关(Kobak,Sceery,1988;Eng *et al*,2001;Larose *et al*,2002;Al—Yagon,Mikulincer,2004;Wei *et al*,2005),并可以追溯到个体早期同父母的依恋关系(Anderson *et al*,1994;郑淑杰,陈会昌,2005;Bogaerts *et al*,2006)。

另外有研究认为,可以将孤独区分为感情孤独和社会孤独两类:一般的人际交往使个体同他人保持必要的联系,如果缺乏这种关系以及与此相关的与社会网络的整合(Gaertner *et al*,1999),个体便会产生社会孤独,它常常与个体交往的同伴数量(友谊)有关;感情孤独则不同,它通常指缺乏亲密的人际关系,而对于成年人而言,通常意味着缺乏亲密的异性关系(爱情)(Qualter,Munn,2002;Rokach,2004)。国外的研究者(Bogaerts *et al*,2006)发现,亲子依恋对大学生的情感孤独体验有显著影响,而对社会孤独影响不大。但在我国学者的研究(邓丽芳等人,2006)中发现,亲子关系对大学生的社会孤独体验也存在重要影响。

在本研究的框架中,我们提出,如果亲子依恋对大学生人际关系表征的影响存在"性别关系"问题,那么在亲子依恋对大学生因为人际关系缺乏而产生的感情和社会孤独影响上,这种"性别关系"是否具有类似的表现呢?

1.5　问题提出中涉及的"性别关系"结构

以上问题提出部分所涉及的问题可以简单表述为：在亲子依恋对大学生人际关系表征影响的性别差异问题上，大学生的早期亲子依恋本身存在着性别差异问题，并进一步影响到大学生在同性和异性亲密关系表征上的性别差异，而这种亲子依恋影响的性别差异中所体现的"性别关系效应"不仅可能在大学生一般依恋表征上得到体现，也可能在因人际关系缺乏所引起的感情和社会孤独上得到体现。

问题提出中涉及的"性别关系"结构如图 2—1 所示。

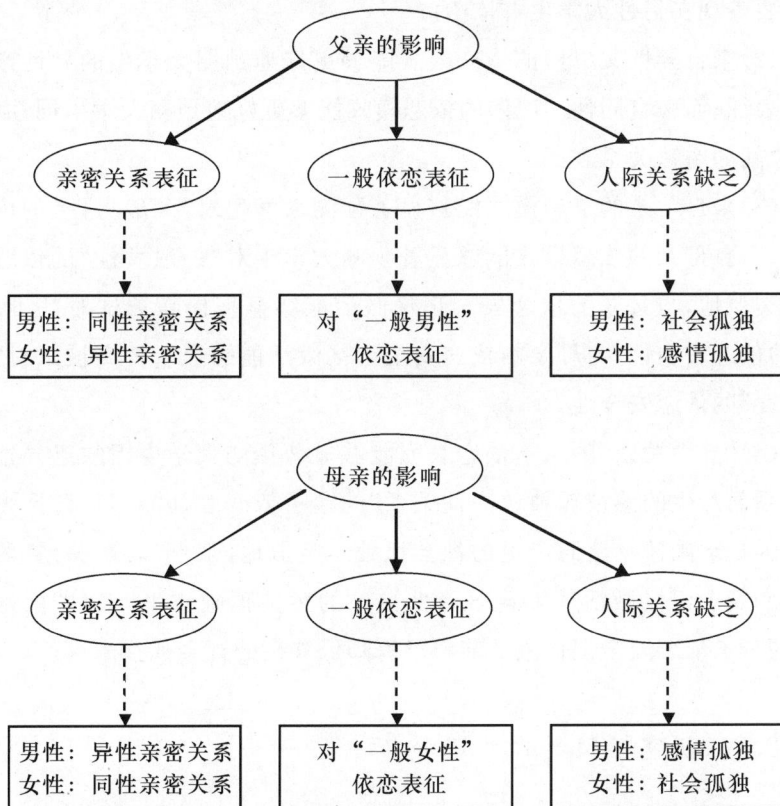

图 2—1　问题提出中涉及的"性别关系"结构

2 研究方案

2.1 研究假设

本论文主要围绕"性别关系"问题提出以下基本假设：

(1)大学生亲子依恋表征存在显著的性别差异,总体上看,"同性关系"的亲子依恋安全性显著高于"异性关系"的亲子依恋安全性,而这种趋势主要表现在男性大学生群体中。

(2)来自异性父(母)的依恋模式能够更好地预测大学生的异性亲密关系表征;而来自同性父(母)的依恋模式能够更好地预测大学生同性(同伴)之间的亲密关系表征。

(3)来自父亲的依恋模式能够显著预测大学生对"一般男性"的依恋表征;来自母亲的依恋模式能够显著预测大学生对"一般女性"的依恋表征。类似地,与父亲的依恋安全记忆激活能够显著提高被试对"一般男性"的依恋安全性;与母亲的依恋安全记忆激活能够显著提高被试对"一般女性"的依恋安全性。

(4)"异性关系"的亲子依恋表征能够显著预测大学生因缺乏异性亲密关系而产生的感情孤独;"同性关系"的亲子依恋表征能够显著预测大学生因缺乏同伴友谊而产生的社会孤独。类似地,来自"异性关系"的亲子依恋安全记忆激活能够显著降低被试的感情孤独水平,来自"同性关系"的亲子依恋安全记忆激活能够显著降低被试的社会孤独水平。

2.2 研究框架

本论文在设计上分为 4 个研究：

研究一采用问卷调查的方法,针对大学生亲子依恋表征的性别差异进行分析,并作为后续研究的基础。

研究二采用相关研究方法,针对亲子依恋对大学生亲密关系表征影响的性别差异进行分析。研究分为两个部分,第一个部分针对非确定对象的同性和异性亲密关系表征进行考察;第二个部分针对具有确定关系对象的恋爱和婚姻关系,在被试构成上包括了部分成人夫妻以作对比。

研究三包括三个部分,第一个部分通过相关研究方法考察亲子依恋对大学生一般依恋表征的预测作用和性别差异;第二个部分通过实验研究方法考察亲子依恋安全记忆激活对一般依恋表征影响的性别差异;第三个部分考察一般依恋安全记忆激活是否对亲子依恋表征存在影响。

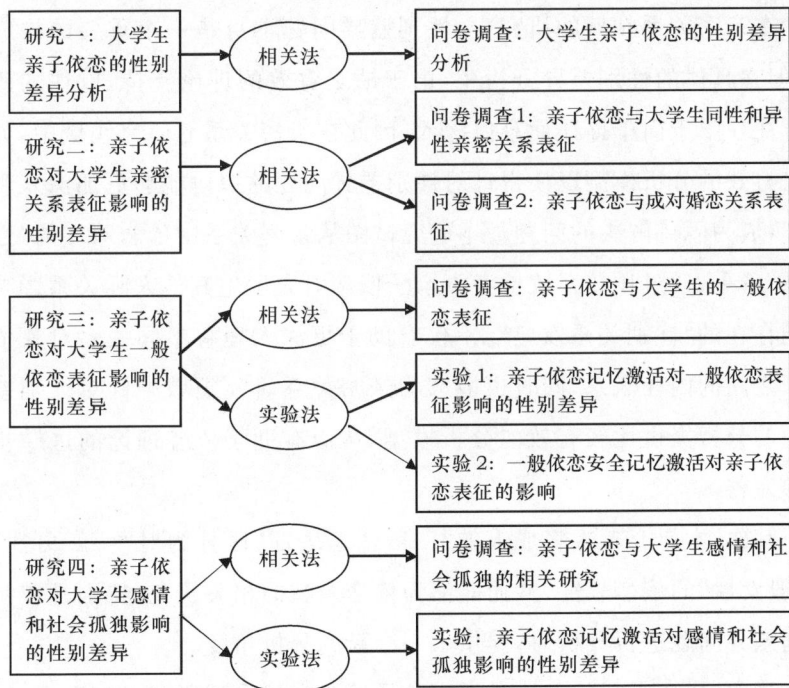

图 2—2 研究框架

研究四考察亲子依恋对大学生感情和社会孤独影响的性别差异问题。研究分为两个部分,第一个部分通过相关研究方法考察亲子依恋对大学生感情和社会孤独的预测作用和性别差异；第二个部分考察亲子依恋安全记忆激活对感情和社会孤独影响的性别差异。

整个研究框架如图 2－2 所示。

3　研究的意义

3.1　理论意义

在亲密关系领域的研究中，性别差异问题本身是一个重要的构成部分，但在具体的性别差异分析中，由于缺乏有效的理论支持，以往的研究分析往往限于简单描述而难以深入，因此在亲密关系的研究领域中，如何提出有效的分析模型以使得针对性别差异问题的探讨能够更加深入和有条理，成为亟待解决的问题。本研究试图从亲密关系中依恋双方的"性别关系"着手，通过比较系统地考察亲子依恋对大学生其他人际关系影响上可能存在的"性别关系效应"，不仅有助于更深入理解不同关系对象依恋表征之间的内在联系，同时也能够为亲密关系研究领域中针对性别差异问题的分析提供比较有效的分析模型，从而有助于依恋理论的进一步发展和完善。

其次，本研究首次将成人的"一般依恋表征"区分为对"一般男性"和"一般女性"的依恋表征，从而能够为依恋领域的相关研究、特别是在针对性别差异问题进行分析时，提供了一个新的分析角度。

再次，依恋表征的记忆激活实验虽然越来越受到研究者的重视，但从目前的资料上看，尚缺乏针对不同依恋对象记忆激活的对比研究。本研究尝试将来自父亲和母亲的依恋记忆激活进行对比考察，成为该领域较早的研究实例，从而能够为进一步的依恋记忆激活实验提供有益的参考。

3.2　实践意义

　　人际关系问题是中国大学生经常面临的一个问题，也是从事相关心理咨询和辅导的工作人员常常面对的问题。本论文从依恋双方"性别关系"的分析角度出发，针对亲子依恋对大学生人际关系表征的影响展开研究，试图比较系统地说明大学生在人际交往中可能存在的与"性别"有关的问题，特别是其中针对亲子依恋对大学生在其他人际关系影响的"性别关系"效应的分析，将有利于在大学生人际关系辅导与咨询中，更深入地理解和把握男女不同性别的大学生在人际关系问题上可能产生的家庭根源。同时，本研究的亲子依恋记忆激活实验为增进大学生人际关系，特别是从家庭关系入手对大学生人际关系进行干预时，能够提供有益的启示。

　　另外，本研究对于如何促进儿童、青少年时期的亲子关系，特别是父亲和母亲如何更恰当地处理与男孩或女孩的关系，以有利于他们在人际关系上的良性发展，也将具有一定的借鉴意义。

第三章　研究一:大学生亲子依恋的性别差异分析

1 引 言

从以往的研究来看,亲子依恋模式(类型)固然具有相当的稳定性(Hazan, Shaver, 1987；Ainsworth, 1989；Larson *et al*, 1996),但从个体成长过程中亲子关系的变化发展、特别是性别差异上看,则表现出较大的波动性(Hunter, Youniss, 1982；Waters *et al*, 2000)。本研究针对大学生亲子依恋性别差异的研究假设将建立在以往的研究基础之上,而着重考虑到亲子依恋性别差异在个体成长过程中的变化发展趋势。

对亲子依恋的性别差异进行分析,包含着两个方面,一是来自父母的性别差异(亲代性别差异),二是来自子女的性别差异(子代性别差异),虽然二者常常交织在一起,但在很多研究中往往把它们分开进行讨论(Ainsworth, 1989；Buist *et al*, 2002)。在亲代性别差异的影响因素中可以看到,在现实的亲子关系形成以前,传统和社会习俗便对父母角色期待存在着性别差异,而这种对父母角色期待的差异显然会导致父母对待孩子态度上的差异,进而形成不同的关系特征(Cox *et al*, 1992；叶子,庞丽娟, 1999；Tu, Liao, 2005；Gaertner *et al*, 2007)。父母亲不仅在对子女的态度和情感上存在显著差异,更有研究者认为,父母与子女的交往关系本身就存在来自父亲和母亲的两种不同交往模式(Sorokou, Weissbrod, 2005)。

在子女成长过程中，来自父母的亲代性别差异依然存在，而针对儿童、青少年时期的许多研究也同时考虑到了子代性别差异问题，但由于不同研究的侧重点不同，以及文化差异问题的影响，在亲子依恋的性别差异问题上结论并不一致（Larson *et al*，1996；Buist *et al*，2002；于海琴，周宗奎，2002；吴念阳，张东昀，2004）。

基于以往的研究分析，在我国大学生亲子依恋的性别差异问题上，本研究提出以下几个问题：

(1)国外的研究资料显示，在早期的亲子依恋关系上，父亲与母亲有着不同的表现，二者只存在弱相关（Cox *et al*，1992；Dalton *et al*，2006；Fiqueiredo *et al*，2007），那么针对中国大学生群体的亲子依恋表征而言，父亲和母亲的依恋表征之间是否具有同样的特点？考虑到依恋表征的相对稳定性，以及在我国传统习俗中对父母角色期待的差异，我们设想，在中国大学生群体的亲子依恋表征上，父亲和母亲之间同样保持着弱相关的关系。

(2)国外的研究倾向于认为，在成年以前，同性亲子关系（父子、母女）比异性亲子关系（父女、母子）更亲密（Larson *et al*，1996；Buist *et al*，2002）；而在国内的研究中，有研究发现母亲同子女的关系更亲密，但同时母亲同子女的亲密关系有随年龄下降的趋势（于海琴，周宗奎，2002），那么在子女离开父母进入大学阶段以后，这种趋势是否会继续，或者会出现新的变化？本研究的考虑是，首先，大学生（特别是对于我国大学新生）第一次离开父母生活，同时他们也从高中阶段的繁重学习任务中脱离出来，这样他们就有机会对过去的亲子关系进行一定程度的反思，这种反思的结果可能造成他们对父母的看法有所改变；其次，从父母的地位上看，在我国家庭中，父亲一般作为家庭的经济支柱，其作用常常随着孩子的成长不断加强，而母亲作为家庭的主要照顾者，随着子女离开家庭，母亲的作用有可能会继续下降；最后从性别关系上看，一方面，同性亲子依恋（男孩对父亲、女孩对母亲）在整个青少年时期（11岁到17岁）有逐渐下降的趋势（Buist *et al*，2002），另一方面，大学生开始对异性产生更多的兴趣和更深入的交往,这种对异性的兴趣和情感上的需求可能会影响到对异性父母的关系表征。基于以上考虑,本研究认为,在我国大学生群体中,对男性大学生而言,青少年时期的母子依恋安全性高于父子依恋安全性的倾向(石伟等人,2004)会继续保留,并可能会因为对异性情感上的需求而得到加强;对女性大学生而言,虽然在青少年时期她们与母亲的关系最亲密(于海琴,周宗奎,2002;石伟等人,2004),而且同母亲交流也更多(Larson *et al*,1996),但在她们进入大学以后,她们对母亲的情感交流可能会比男性大学生更容易转移到女性同伴或异性朋友身上(Barry,Wentzel,2006),因此在大学阶段,她们同母亲的依恋安全性可能会继续下降,因而从总体上来看,她们在青少年时期同母亲的依恋安全性高于她们同父亲的依恋安全性的这种趋势在大学阶段会削弱甚至消失。

2 目 的

基于以上分析,本研究提出如下有待检验的假设:(1)中国大学生同父亲和母亲的依恋表征将呈现弱的正相关;(2)在亲子依恋性别差异上,总体趋势为,"异性关系"的亲子依恋安全性显著高于"同性关系"的亲子依恋安全性;但这种趋势主要表现在男性大学生群体中,具体而言,男性大学生同母亲的依恋安全性显著高于他们同父亲的依恋安全性。

3 研究方法

3.1 被 试

被试均取自武汉地区普通高校一、二年级大学生,共计626人,其中男性大学生 262 人,女性大学生 364 人,平均年龄 20.00±1.23。

3.2 测量工具

中文版《亲子依恋回溯报告》(见附录 1)。测量问卷以 Dalton 等人 (2006)修订的 DPCS(Descriptions of Parental Caregiving Sytle)问卷为参考,该问卷分别测量受试者早期与父亲和母亲的三种依恋类型(安全型、回避型和矛盾型),每种依恋类型的测量由三个项目构成,得分越高,表示相应的依恋倾向越明显:安全型得分越高、回避型得分越低、矛盾型得分越低,表示依恋安全性越高;反之,则表示依恋安全性越低。内部一致性系数分别为:与父亲和母亲的依恋安全型分别为 0.80 和 0.60;回避型分别为 0.61 和 0.49;矛盾型分别为 0.79 和 0.75。本研究在该问卷中文版的修订中,考虑到在国外量表本土化的过程中可能存在概念表述上的差异,并没有直接采用文字回译的方式(吴薇莉等人,2004),而是考虑到在正确把握编制者意图的基础上,尽量使中国被试能够轻松理解和把握每一个测量项目的正确含义(李菲茗,傅根耀,2001)。为此,本研究首先通过一个开放式问卷要求大学生受试者对早期的亲子关系进行简单的文字描述,然后根据理论上对亲子依恋三类型的划分标准将开放式问卷中的文字描述进行归类整理,得到对亲子依恋三类型的本土化表述形式。然后将原始问卷与前面得到的本土化表述相对照,在保持原始问卷测量意图的基础之上,尽量采用本土化的表述方式。修订后的量表采用 7 点记分,要求被试就每一种亲子关系表现出现的频率从"总是如此"到"从不"等 7 个等级判断中选择适合自身情况的选项,每种依恋类型的三个项目总分作为该类型得分。修订后的量表内部一致性系数为:与父亲和母亲的依恋安全型分别为 0.91 和 0.88,回避型分别为 0.84 和 0.86,矛盾型分别为 0.79 和 0.82,四周后重测信度(n=33)在各依恋类型上的表现从 0.69 到 0.81。

3.3　研究程序

由来自武汉地区普通高校的任课教师担任主试,事先对指导语及可能出现的与问卷有关的问题进行讲解,由教师随课堂发放问卷并进行集体施测。施测结束后回收问卷,输入计算机进行管理。

3.4　数据处理

采用 SPSS11.5 进行数据统计和分析。

4　结　果

4.1　大学生亲子依恋表征得分情况

在亲子依恋表征的测量中,考察了被试亲子依恋表征的安全型、矛盾型和回避型等三种依恋关系倾向,分别针对被试与父亲和母亲的依恋表征,不同性别被试得分情况见表 3-1 所示。

表 3-1　不同性别大学生亲子依恋类型得分情况($n=626$)

	父亲			母亲		
	安全型	矛盾型	回避型	安全型	矛盾型	回避型
男性 ($n=262$)	12.71 ± 3.39	9.06 ± 3.55	6.93 ± 3.20	14.37 ± 2.74	8.05 ± 2.93	5.39 ± 2.36
女性 ($n=364$)	13.71 ± 3.19	7.80 ± 3.39	6.16 ± 2.88	14.00 ± 2.89	8.03 ± 3.21	5.78 ± 2.63
男女合计	13.29 ± 3.31	8.33 ± 3.51	6.48 ± 3.04	14.15 ± 2.83	8.04 ± 3.09	5.61 ± 2.53

4.2 单样本 Kolmogorov－Smirnov 正态分布检验

对数据进行单样本 Kolmogorov－Smirnov 正态分布检验,结果显示,大学生与父亲的依恋安全型、矛盾型和回避型得分数据均不符合正态分布($z=$ 3.17,$p<0.01$;$z=2.53$,$p<0.01$;$z=3.22$,$p<0.01$),与母亲的依恋得分数据也不符合正态分布($z=3.17$,$p<0.01$;$z=2.53$,$p<0.01$;$z=3.22$,$p<0.01$)。偏度检验显示,与父母依恋安全型均为负偏态($g_1=-0.54$;$U_1>$ 2.58;$g_1=-0.67$,$U_1>2.58$);与父母依恋矛盾型均为正偏态($g_1=0.41$;$U_1>2.58$;$g_1=0.47$,$U_1>2.58$);与父母依恋回避型均为正偏态($g_1=1.02$;$U_1>2.58$;$g_1=1.21$,$U_1>2.58$)。

4.3 来自父亲和母亲依恋表征的相关分析

针对同一个被试的测量得到两组依恋表征的数据,一组来自与父亲的依恋表征,另一组则来自与母亲的依恋表征,两组之间 Spearman 相关系数和显著性检验结果表明,与父亲和母亲的依恋安全型相关显著($r_R=0.22$,$p<0.01$);依恋矛盾型相关显著($r_R=0.24$,$p<0.01$);依恋回避型相关显著($r_R=0.39$,$p<0.01$)。虽然大学生被试与父亲和母亲的依恋安全型、矛盾型和回避型得分上相关系数均达到显著水平,从相关系数值上看均呈现弱相关关系。

4.4 亲子依恋表征的子代性别差异

亲子依恋的子代性别差异从两个方面进行检验,一是从被试与父亲的依恋表征上分析男性和女性大学生是否存在差异;二是从被试与母亲的依恋表征上分析男性和女性大学生是否存在差异。

在被试与父亲的依恋表征上,Mann－Whitney U 检验结果表明,男女大学生之间存在显著的子代性别差异。具体表现为:男性大学生与父亲的依恋安全型得分显著低于女性大学生与父亲的依恋安全型($z=-3.76$,$p<0.01$);男性大学生与父亲的依恋矛盾型得分显著高于女性大学生与父亲的依恋矛盾型($z=-4.33$,$p<0.01$);男性大学生与父亲的依恋回避型得分显著高于女性大学生与父亲的依恋回避型($z=-2.98$,$p<0.01$)。

在被试与母亲的依恋表征上,Mann-Whitney U 检验未见显著的子代性别差异。男性和女性大学生在与母亲的依恋安全型、矛盾型和回避型得分上差异均不显著($z=-1.61$,$p>0.05$;$z=-0.16$,$p>0.05$;$z=-1.71$,$p>0.05$)。

4.5 亲子依恋表征的亲代性别差异

首先将男女大学生的数据合并一处,每个被试均得到与父亲和母亲的两组依恋表征数据,Wilcoxon Signed-Rank 检验结果显示:大学生被试与母亲的依恋安全型得分显著高于他们与父亲的依恋安全型($z=-5.47$,$p<0.01$);与母亲的依恋回避型得分显著低于他们与父亲的依恋回避型($z=-6.51$,$p<0.01$);依恋矛盾型得分上未见显著的亲代性别差异($z=-1.77$,$p>0.05$)。

其次,分别以男性和女性大学生为分析对象,Wilcoxon Signed-Rank 检验结果显示:(1)对男性被试而言,他们与父亲和母亲的依恋表征存在显著的亲代性别差异:男性大学生与父亲的依恋安全型得分显著低于他们与母亲的依恋安全型($z=-7.18$,$p<0.01$);男性大学生与父亲的依恋回避型得分显著高于他们与母亲的依恋回避型($z=-7.49$,$p<0.01$);男性大学生与父亲的依恋矛盾型得分显著高于他们与母亲的依恋矛盾型($z=-4.03$,$p<0.01$)。(2)对女性被试而言,她们与父亲和母亲的依恋安全型和矛盾型得分上均未见显著的亲代性别差异($z=-1.21$,$p>0.05$;$z=-1.02$,$p>0.05$),但女性大学生与父亲的依恋回避型得分显著高于她们与母亲的依恋回避型(z

$=-2.09$，$p<0.05$）。

4.6 亲子依恋三类型得分合并后的性别差异分析

亲子依恋表征的测量是由安全型、回避型和矛盾型三种类型得分构成的,分别考察大学生被试与父亲和母亲的依恋安全型、回避型和矛盾型等三种类型得分的 Spearman 相关系数,结果发现:(1)从大学生被试与父亲的依恋表征而言,安全型与回避型为强负相关($r_R=-0.74$，$p<0.01$),安全型与矛盾型为强负相关($r_R=-0.63$，$p<0.01$),回避型与矛盾型为强正相关($r_R=0.71$，$p<0.01$);(2)从大学生被试与母亲的依恋表征而言,安全型与回避型为强负相关($r_R=-0.68$，$p<0.01$),安全型与矛盾型为接近强负相关($r_R=-0.57$，$p<0.01$),回避型与矛盾型为强正相关($r_R=0.62$，$p<0.01$)。来自父亲和母亲的两组数据显示了依恋表征三类型得分之间的高度相关,因此可以将三种类型得分进行算术合并,所得总分作为依恋的"总体安全性"指标(参见:Dalton $et\ al$, 2006),以便从大的趋势上可以更简明地分析和把握亲子依恋的性别差异问题。具体计算方法为:

$$总体安全性=安全型-回避型-矛盾型$$

所得结果如表3-2所示。

表3-2 不同性别大学生亲子依恋的总体安全性得分情况($n=626$)

	父亲	母亲
男性($n=262$)	-3.28 ± 8.88	0.94 ± 6.88
女性($n=364$)	-0.25 ± 8.46	0.18 ± 7.62
男女合计	-1.52 ± 8.76	0.50 ± 7.32

对合并后的总体安全性得分进行单样本 Kolmogorov-Smirnov 正态分布检验发现,分别与父亲和母亲依恋的总体安全性数据不符合正态分布($z=2.24$，$p<0.01$;$z=2.27$，$p<0.01$)。偏度检验显示,大学生与父母依恋的总体安全性得分数据均为负偏态($g_1=-0.58$;$U_1>2.58$;$g_1=-0.72$，$U_1>$

2.58)。

在获得与父亲和母亲依恋的总体安全性指标基础上,对大学生总体被试与父亲和母亲的依恋总体安全性进行 Spearman 相关分析,结果显示两组数据为弱相关($r_R=0.26$,$p<0.01$)。

对亲子依恋表征的子代性别差异进行考察,Mann-Whitney U 检验结果表明:(1)从男女被试与父亲的依恋表征上看,存在显著的子代性别差异。具体表现为:男性大学生与父亲的依恋总体安全性得分显著低于女性大学生与父亲的依恋总体安全性($z=-4.34$,$p<0.01$);(2)从男女被试与母亲的依恋表征上看,未见显著的子代性别差异($z=-1.03$,$p>0.05$)。

对亲子依恋表征的亲代性别差异进行考察,Wilcoxon Signed-Rank 检验结果显示:(1)从被试总体上而言,大学生被试与父亲的依恋总体安全性显著低于他们与母亲的依恋总体安全性($z=-4.92$,$p<0.01$);(2)对男性大学生被试而言,他们与父亲的依恋总体安全性显著低于他们与母亲的依恋总体安全性($z=-7.15$,$p<0.01$);(3)对女性大学生被试而言,她们与父亲和母亲的依恋总体安全性未见显著差异($z=-0.48$,$p>0.05$)。

5 讨 论

针对大学生与父亲和母亲的依恋安全性相关分析表明,二者呈现弱相关,总体安全性指标的相关系数值为 0.26,这个数值同国外研究(Cox et al,1992)中的亲子依恋相关系数值 0.32 比较接近。同本研究假设相一致,即:来自父亲和母亲的依恋表征不仅在总体安全性指标上表现出弱的正相关,而且从安全型、回避型和矛盾型三种类型得分上,来自父亲和母亲的两组数据相关性表现也非常一致。这种从婴儿期持续到成年早期的比较稳定的弱相关关系在一定程度上说明了个体同父亲和母亲的依恋关系存在比较稳定的差异(Sorokou,Weissbrod,2005),同时也存在一定程度的相互影响。

在考察亲子依恋的子代性别差异时,我们发现,当考虑到被试与父亲的依恋表征时,无论是从总体安全性指标上看,还是从安全型、回避型和矛盾型三种类型得分上看,均显示女性大学生同父亲的依恋安全性要高于男性大学生同父亲的依恋安全性;这一结果同 Larson 等人(1996)的研究中关于同性亲子关系好于异性亲子关系的结论是不一致的,然而却同中国学者于海琴和周宗奎(2002)的研究比较接近。当考虑到被试与母亲的依恋表征时,无论是从总体安全性指标上看,还是从安全型、回避型和矛盾型三种类型得分上看,均未见男女大学生同母亲的依恋安全性存在显著差异;这个结果不仅同 Larson 等人(1996)的研究不一致,也不同于石伟等人(2004)的研究中关于母女关系好于母子关系的结论。这种研究的不一致,我们可以从两个方面来分析,一是文化差异的问题,Larson 等人(1996)的研究针对的是西方文化背景中的被试群体,其结论未必适合中国文化背景中的被试;二是成长的问题,于海琴和周宗奎(2002)的研究以及石伟等人(2004)的研究均是针对青少年被试群体,其研究结果未必适合大学生的情况。在石伟等人(2004)的研究中发现母女关系好于母子关系,这种差异可能源于青少年同父母的接触更多,特别是女生处于青春期,她们同母亲的情感交流更多,因而表现出同母亲更为亲近的关系,但这种关系在她们上大学以后便削弱了,结果使她们同父亲和母亲的依恋表征变得更为接近。

在考察来自父亲和母亲依恋表征的亲代性别差异时,我们发现,总体表现上看,被试同母亲的依恋安全性高于同父亲的依恋安全性,这个结果同以往的一些研究接近(于海琴,周宗奎,2002;石伟等人,2004),而不同于吴念阳和张东昀(2004)的研究结论。在进一步分析时我们发现,同母亲的依恋安全性高于同父亲的依恋安全性这个倾向主要表现在男性大学生被试上,不仅在总体安全性指标上存在这种倾向,而且在安全型、回避型和矛盾型三种类型得分上均有一致的表现,结果同本研究假设非常一致。从女性大学生被试上我们没有发现类似的倾向:从总体安全性指标上看,女性大学生同父亲和母亲的依恋安全性未见显著差异;在安全型和矛盾型两个类型得分上也未见父亲和母亲的显著差异;但在回避型得分上,我们发现女性大学生对父亲的回避倾向要高于她们对母亲的回避倾向,这可能源至于她们在青少年时期同母亲的情感交流和亲密接触比父亲更多(Hunter,Youniss,1982;Larson et al,1996),因此,即使她们在大学阶段母女之间的关系亲密程度有所下降(Buist et al,2002),却不会因此产生与母亲更多的回避倾向,而她们在青少年时期与父亲的回避倾向却得到一定程度的保留。

6 小 结

以上研究主要针对的是大学生亲子依恋的性别差异分析,研究结果同假设基本一致,即:中国大学生同父亲和母亲的依恋表征呈现弱的正相关;在亲子依恋性别差异上,总体上呈现"异性关系"的亲子依恋安全性显著高于"同性关系"的亲子依恋安全性,具体表现为:男性大学生与母亲的依恋安全性显著高于他们与父亲的依恋安全性;女性大学生与父亲的依恋安全性显著高于男性大学生与父亲的依恋安全性。

另外,本研究作为整个研究设计的第一部分,澄清了以往研究中关于亲子依恋性别差异上的一些不一致的地方,从而为下一步的研究建立了一个比较坚实的基础。

比如在于海琴和周宗奎(2002)针对青少年的研究中发现,母亲同子女的依恋安全性要高于父亲同子女的依恋安全性,而在我们的研究中发现,在大学阶段,这种倾向虽然继续存在,却只表现在男性大学生被试上。

在 Larson 等人(1996)针对青少年的研究中发现,母女关系要比母子关系更亲密,然而在我们的研究中发现,到了大学阶段,母亲同子女的依恋安全性并没有显著差异。另外,在 Buist 等人(2002)的研究中认为,在青少年时期,同性亲子关系要好于异性亲子关系,而我们针对大学生群体的研究结果则正好相反,异性亲子关系要好于同性亲子关系,但这种差异主要表现以下两个方面:从男性大学生的角度上看,他们同母亲的依恋安全性比父亲更高;从父亲的角度上看,父女依恋安全性比父子依恋安全性更高。但从女性大学生的角度上看,她们同父亲和母亲的依恋安全性(从总体安全性指标上看)没有显著差异;从母亲的角度上看,母亲与男性和女性大学生的依恋安全性没有显著差异。

第四章　研究二:亲子依恋对大学生亲密关系表征影响的性别差异

1　引　言

在亲密关系研究领域,最常涉及的三种关系形式为亲子、婚恋和同伴关系(Ainsworth,1989;Furman *et al*,2002),本研究主要是从性别差异的角度来考察亲子依恋对大学生亲密关系表征的影响,并将大学生婚恋关系和同伴关系同时加以考虑,以获得"性别关系"上的相互验证。

1.1　亲子依恋与婚恋关系问题

在对婚恋关系进行考察的时候,我们可以将这种关系区分为三个不同的阶段:关系不确定的异性朋友阶段、关系确定的恋爱阶段和婚姻阶段。个体在青春期便开始了有意识的异性交往,在没有形成确定的恋爱关系之前,可以认为它是一种关系对象不确定的异性朋友关系;在大学时期,则可能在不确定的异性朋友关系中发展出确定的恋爱关系;婚姻关系则是将一对一的异性关系通过法律形式固定下来。本研究将同时涉及到这三种异性关系形式。

有研究显示,如果亲子之间存在不安全依恋模式,则可能导致个体更早和更强烈的异性交往倾向,以寻求来自家庭以外的情感安慰和支持(李同归等人，2006）。那么，不安全的亲子依恋是怎样影响到异性交往的，以往的研究没有作出更进一步的探讨。在这个问题上，我们是否可以假设，在不安全的亲子关系前提下，如果个体希望从异性交往中获得亲子依恋的补偿，那么，亲子关系中父母的性别是需要加以考虑的因素。

在第三章的研究以及前人的研究（Cox *et al*，1992；Sorokou，Weissbrod，2005）中我们看到，一方面，来自父亲和母亲的依恋关系存在显著差异，那么作为子女，他们在亲子关系中的情感体验也会存在差异；另一方面，早期的亲子依恋为后来的异性交往活动提供了重要的交往模式（Hazan，Shaver1987；Linder，Collins，2005；Conger *et al*，2000；Donnellan *et al*，2005），那么在这两个前提下，本研究针对异性亲密关系提出的基本假设是：和同性父（母）比较，个体与异性父（母）的依恋模式会更多地迁徙到与异性朋友、恋人或配偶的交往关系中去；具体而言，男性与母亲（而不是父亲）的依恋模式能够更好地预测他们的异性关系表征；女性与父亲（而不是母亲）的依恋模式能够更好地预测她们的异性关系表征。

1.2　亲子依恋与同伴关系问题

在以往针对同伴关系的研究中，一般忽略同伴关系对象的性别问题，而直接将同伴关系作为与婚恋关系不同性质的亲密关系形式（Linder，Collins，2005；Bogaerts *et al*，2006），也有少数研究根据关系对象的性别不同而将同伴关系区分为同性同伴关系（same－sex peer relations）和异性同伴关系（opposite－sex relations）两种形式（Miller，1990）。本研究主要涉及同性同伴关系。

针对同伴关系的研究显示，在同伴关系中的性别差异是显著的（Barry，Wentzel，2006），同时也存在文化上的差异（叶子，庞丽娟，1999）。那么，大学生在同伴关系上的性别差异在多大程度上与亲子依恋相联系呢?

大多数中国大学生刚刚步入成人阶段,他们的依恋关系有其特殊性:一方面,他们中的大部分人不得不远离自己的父母,进入一个陌生的环境,情感寄托出现空缺;另一方面,大学生恋爱关系的建立和维持也不是十分顺利的,情感上的空缺并不容易由恋爱关系来填补。多数大学生的亲密交往对象依然是同伴,因此对于大学生群体(特别是大学一、二年级)而言,其同伴关系仍然显得非常重要。

在本研究中,性别差异问题是考察的重点,因此,为了使"性别关系"更为明确,我们将大学生同伴关系限定为"同性同伴关系",而与前面提到的婚恋关系中"对象不确定的异性朋友关系"相对应。

参考以往研究中有关青少年时期同伴关系的研究,并结合前述有关异性亲密关系的理论假设,在亲子依恋表征对大学生同伴关系表征的影响上,我们就"性别关系"问题提出的基本假设是:和异性父(母)比较,个体与同性父(母)的依恋模式会更多地迁徙到与同性朋友(同伴)的交往关系中去;具体而言,男性与父亲(而不是母亲)的依恋模式能够更好地预测他们的同性朋友(同伴)关系表征;女性与母亲(而不是父亲)的依恋模式能够更好地预测她们的同性朋友(同伴)关系表征。

2 问卷调查1:亲子依恋与大学生同性和异性亲密关系表征

2.1 目 的

本次问卷调查针对大学生的同性和异性亲密关系,为了便于对不同"性别关系"进行比较,同性亲密关系表征被定义为同性别的伙伴(朋友)

关系中"经常或一般"的体验,而不针对具体个人;异性亲密关系表征同样不限定在某个具体的恋爱关系上,而是针对大学生在异性亲密交往中"经常或一般"的体验。

在本研究中我们提出的基本假设是:(1)来自"同性关系"而不是"异性关系"的亲子依恋表征能够更好地预测大学生的同性亲密关系表征;(2)来自"异性关系"而不是"同性关系"的亲子依恋表征能够更好地预测大学生的异性亲密关系表征。

2.2 研究方法

2.2.1 被试

武汉地区普通高校一、二年级大学生被试共计 90 人,其中男性大学生 38 人,女性大学生 52 人,平均年龄 20.11 ± 1.02。

2.2.2 测量工具

《亲子依恋回溯报告》,用于测量大学生分别与父亲和母亲的亲子依恋表征(参见第三章测量工具及数据分析部分)。

《亲密关系经历量表(ECR)中文版》(参见附录 2),用于测量大学生在同性和异性亲密关系中的依恋表征。在亲密关系表征的测量中,同一种依恋测量问卷常常被用来对不同对象的依恋表征进行测量,以便对来自不同对象之间的依恋表征进行比较对照(Bogaerts *et al*,2006)。在本研究中选用的《亲密关系经历量表(ECR)中文版》经过了李同归和加藤和生(2006)的修订,专门用于对亲密关系表征进行测量。问卷由依恋焦虑和回避两个维度构成,每个维度由 18 个测量项目构成,采用 7 点记分,其中依恋焦虑同个体在交往关系中对自我的看法有关,个体越能够接纳自我、觉得自己是重要和有价值的,则依恋焦虑水平越低;依恋回避同个体在交往关系中对他人的看法有关,个体越能够认可对方的价值、觉得对方可以信赖和亲近,则依恋回避水平越低。测量中,得分越高,表示同性或异性亲密关系中的焦虑或回避倾向越明显。亲密关系表征中的焦虑和回避维度大致与 Bartholomew 和 Horowitz(1991)提出的自我模型和他人模型相对应,而在测量上由于采用了多项目呈现的方式而在测量指标上表现得更为稳定。然而,在李同归和加藤和生(2006)的修订中,仅针对异性亲密关系的测量进行了信度和效度检验,其中依恋焦虑和回避两个分量表的内部一致性系数分别为 0.77 和 0.82,重测信度分别为 0.72 和 0.71。本研究在采用该量表对大学生同性朋友关系进行测量时,在指导语上用"同性朋友(同伴)关系"取代了"恋人关系",在项目呈现上用"朋友(同伴)"取代了"恋人",在预测中,针对大学生同伴关系测量的依恋焦虑和回避两个分量表的内部一致性系数分别为 0.72 和 0.80,四周后重测信度(n=33)分别为 0.78 和 0.76。

2.2.3 研究程序

由来自武汉地区普通高校的任课教师担任主试,事先对指导语及可能出现的与问卷有关的问题进行讲解,由教师随课堂发放问卷并进行集体施测。施测结束后回收问卷,输入计算机进行管理。

2.2.4 数据处理

采用 SPSS11.5 进行数据统计和分析。

2.3 结 果

2.3.1 大学生同性和异性亲密关系表征的性别差异分析

对大学生同性和异性亲密关系表征的测量分别得到依恋焦虑和回避两个维度得分的标准 Z 分数,不同性别被试得分情况见表 4—1 所示。

独立样本 t 检验显示,大学生在同性亲密关系中的焦虑倾向未见显著的性别差异($t(88)=-1.53$,$p>0.05$),在同性亲密关系中的回避倾向差异显著($t(88)=2.59$,$p<0.05$),男性大学生在同性关系中的回避

倾向显著高于女性大学生。

大学生在异性亲密关系中的依恋焦虑和回避倾向均未见显著的性别差异($t(88)=-1.72$，$p>0.05$；$t(88)=-1.24$，$p>0.05$)。

表 4—1　大学生同性和异性亲密关系表征得分的标准分($n=90$)

		男性被试($n=38$)	女性被试($n=52$)
同性亲密关系	依恋焦虑	-0.20 ± 1.06	0.14 ± 0.94
	依恋回避	0.33 ± 0.97	-0.22 ± 0.97
异性亲密关系	依恋焦虑	-0.24 ± 1.16	0.15 ± 0.87
	依恋回避	-0.17 ± 0.95	0.11 ± 1.02

2.3.2 同性亲密关系表征对亲子依恋表征的回归分析

首先将男女大学生得分数据作为一个整体,同性亲密关系表征得分作为标准变量,来自父亲和母亲的依恋总体安全性为预测变量,回归分析结果显示:大学生与父亲和母亲的依恋总体安全性对他们在同性亲密关系中的焦虑和回避倾向均没有显著的预测作用。进一步以不同的依恋类型得分为预测变量进行回归分析,结果显示,来自父亲的矛盾型得分对大学生同性亲密关系焦虑倾向有显著的正向预测作用($\beta=0.24$，$p<0.05$);对大学生同性亲密关系回避倾向未见显著的预测作用。

以男性大学生为对象的回归分析结果显示:亲子依恋总体安全性对男性大学生在同性亲密关系中的焦虑和回避倾向均未见显著的预测作用。进一步以不同的亲子依恋类型得分进行回归分析,结果显示,来自母亲的依恋矛盾型得分能够显著正向预测男性大学生的同伴亲密关系焦虑倾向($\beta=0.38$，$p<0.05$);对同性亲密关系回避倾向未见显著的预测作用。

以女性大学生为对象的回归分析结果显示:亲子依恋总体安全性对女性大学生在同性亲密关系中的焦虑和回避倾向均未见显著的预测作用。进一步以不同的亲子依恋类型得分进行回归分析,结果显示,不同的亲子依恋类型得分对女性大学生的同性亲密关系焦虑和回避倾向均未见显著的预测作用。

2.3.3 异性亲密关系表征对亲子依恋表征的回归分析

首先将男女大学生得分数据作为一个整体进行回归分析,结果显示:大学生与父亲和母亲的依恋总体安全性对他们在异性亲密关系中的焦虑水平没有显著的预测作用;大学生与母亲的依恋总体安全性对他们在异性亲密交往中的回避倾向有显著的负向预测作用($\beta = -0.26$, $p < 0.05$)。进一步的分析显示,来自父亲的矛盾型得分能够显著正向预测大学生在异性亲密关系中的焦虑倾向($\beta = 0.25$, $p < 0.05$);来自母亲的回避型得分能够显著正向预测大学生在异性亲密关系中的回避倾向($\beta = 0.28$, $p < 0.05$)。

以男性大学生为对象的回归分析显示:来自母亲(而不是父亲)的依恋总体安全性能够显著负向预测男性大学生在异性亲密关系中的焦虑和回避倾向($\beta = -0.41$, $p < 0.05$; $\beta = -0.37$, $p < 0.05$)。进一步分析显示,只有来自母亲的矛盾型得分能够显著正向预测男性大学生在异性亲密关系中的焦虑倾向($\beta = 0.50$, $p < 0.01$),其他依恋类型得分未见显著的预测作用。

以女性大学生为对象的回归分析显示:来自父亲和母亲的依恋总体安全性对女性大学生在异性亲密关系中的焦虑和回避倾向均没有显著预测作用。进一步分析时发现,来自母亲的安全型得分能够显著正向预测女性大学生在异性交往中的焦虑水平($\beta = 0.36$, $p < 0.01$);其他类型得分未见显著的预测作用。

2.3.4 亲密关系表征对不同"性别关系"亲子依恋表征的回归分析

首先对原始数据进行处理,将来自"父亲"和"母亲"的依恋表征数据转换成"同性关系"和"异性关系"的亲子依恋数据。具体操作是:"男性大学生与父亲"和"女性大学生与母亲"这两组数据归入"同性关系"的亲子依恋得分;"男性大学生与母亲"和"女性大学生与父亲"这两组数据归入"异性关系"的亲子依恋得分。

在得到来自"同性关系"和"异性关系"的亲子依恋数据后,首先针对大学生同性亲密关系进行回归分析,结果显示,"同性关系"和"异性关系"的亲子依恋总体安全性对大学生同性亲密关系焦虑和回避倾向均未见显著的预测作用。进一步以不同的依恋类型得分为指标进行回归分析,结果显示,"异性(而不是同性)关系"的亲子依恋矛盾型得分能够显著正向预测大学生同性亲密关系中的焦虑水平($\beta = 0.28$,$p < 0.01$),"同性(而不是异性)关系"的亲子依恋回避型得分能够显著正向预测大学生同性亲密关系的回避水平($\beta = 0.21$,$p < 0.05$)。

对大学生异性亲密关系进行回归分析时,首先从亲子依恋总体安全性上进行回归分析,结果显示,"异性(而不是同性)关系"的亲子依恋总体安全性对大学生的异性亲密关系回避倾向有显著的负向预测作用($\beta = -0.24$,$p < 0.05$),对异性亲密关系的焦虑水平未见显著的预测作用。进一步以不同的依恋类型得分为指标进行回归分析,结果显示,"异性(而不是同性)关系"的亲子依恋矛盾型得分能够显著正向预测大学生异性亲密关系中的焦虑水平($\beta = 0.29$,$p < 0.01$),同时也能够显著正向预测大学生异性亲密关系中的回避水平($\beta = 0.26$,$p < 0.05$)。

2.4 讨 论

本研究针对同性和异性亲密关系表征的差异检验表明,男女大学生在同性亲密关系回避倾向上存在显著的性别差异,男性大学生在同性亲密关系中的回避水平显著高于女性大学生。在异性亲密关系上,男女大学生之间的性别差异不显著。在人际关系表征上的焦虑倾向往往意味着个体在交往中缺乏自信、缺乏自我价值感,而回避倾向则意味着对交往对象不能充分信赖、倾向于否定对方的价值(李同归,加藤和生,2006)。本研究结果与国内一些研究存在不一致的地方,比如有研究(田可新等人,2005)认为,男性大学生的人际信任显著高于女性大学生,而本研究结果显示,在同性关系中,男性大学生的人际信任显著低于女性大学生,而在异性关系中,男女大学生则没有显著差异。另有研究认为,女孩往往比男孩表现出更多的亲社会行为(Barry,Wentzel,2006),而在我国工科大学生中也发现,男性大学生比女性大学生存在更多的社交退缩倾向(王军,2003),这些研究与本研究结果则是一致的,但主要表现在同性亲密关系中。

在对大学生同性亲密关系表征的回归分析中发现,"异性(而不是同性)关系"的亲子依恋矛盾型得分能够显著正向预测大学生同性亲密关系中的焦虑水平,"同性(而不是异性)关系"的亲子依恋回避型得分能够显著预测大学生同性亲密关系的回避水平。这个结果与本研究假设中所包含的"性别关系效应"不一致。但在对大学生异性亲密关系表征进行回归分析的结果显示,来自"异性关系"而不是"同性关系"的亲子依恋矛盾型得分能够显著正向预测大学生在异性亲密关系中的焦虑水平和回避水平,这个结果则与研究假设中包含的"性别关系效应"完全一致。

如果将同性和异性亲密关系的回归分析结果进行对照,可以发现,来自"异性(而不是同性)关系"的亲子依恋矛盾型得分能够显著正向预测大学生亲密关系(包括同性和异性关系)中的焦虑倾向。对于矛盾型的亲子依恋关系(Hazan,Shaver,1987;Ainsworth,1989),在婴儿时期主要表现为与依恋对象分离时,显得格外焦虑,出现较剧烈的反抗、哭闹等行为,重聚时显得十分生气,焦虑不安的情绪难以缓解;而在成人的亲子依恋表征上,矛盾型则主要表现为父(母)对子女的态度阴晴不定,强迫子女必须按父(母)的意思去做,以及不友好的交往方式。本研究结果显示,这种矛盾型的异性(而不是同性)亲子交往方式使个体对人际关系中的自我价值产生了怀疑,以至于他们在成年以后,不管是在与同性还是异性交往中均缺乏对自我价值的认可。

在将同性和异性亲密关系的回归分析结果进行对照时还可以发现,在大学生亲密关系(包括同性和异性关系)回避倾向上,"同性(而不是异性)关系"的亲子依恋回避型得分能够显著正向预测大学生在同性亲密关系中的回避倾向，"异性（而不是同性）关系"的亲子依恋矛盾型得分能够显著预测大学生在异性亲密关系中的回避倾向。亲密关系中的回避倾向体现的是对他人价值的认可和对他人的信赖程度（Bartholomew，Horowitz，1991；李同归，加藤和生，2006），因此，从人际交往的回避倾向上看，以"性别关系"为基础的关系模式在不同对象（在本研究中是亲子、同性朋友和异性朋友）的交往中表现了相当的一致性，而在 Collins 和 Read（1990）针对异性亲密关系（没有针对同性亲密关系）的研究中也发现了类似的"性别关系效应"，即异性亲密关系与亲子关系模式之间的相似性更多表现在"异性关系"的亲子依恋模式上。

另外在研究中还发现，来自母亲的安全型依恋得分能够显著正向预测女性大学生在异性亲密交往中的焦虑水平，女性大学生与母亲的依恋安全性越高，或者说早期的母女关系越亲密，则她们在异性（与男性）亲密交往中的焦虑水平反而越高，显示了母亲与女儿之间的过分亲密对女儿成年以后的异性交往存在一定的不利影响。

3 问卷调查2：亲子依恋与成对婚恋关系表征

3.1 目 的

本次问卷调查针对明确的恋爱或婚姻关系，在被试的选取上除了具有明确恋爱关系的成对大学生（包括部分研究生）恋人以外，还包括婚姻关系中的成对夫妻。在本研究中提出如下具体的假设：（1）恋爱或夫妻双方的婚恋依恋表征存在显著正相关；（2）对婚恋关系中的男性而言，来自男方母亲（而不是父亲）的依恋表征能够显著预测他们在婚恋关系中的依恋表征；对婚恋关系中的女性而言，来自女方父亲（而不是母亲）的依恋表征能够显著预测她们在婚恋关系中的依恋表征。

3.2 研究方法

3.2.1 被试

本研究来自具有明确恋爱或婚姻关系的 71 对被试,分别来自两个不同的群体,一个被试群体来自武汉地区普通高校具有明确恋爱关系的大学生(包括部分研究生),共 36 对恋人被试,其中 32 对被试表示他们的恋爱关系已经超过 6 个月,4 对被试表示恋爱关系尚不足 6 个月,平均年龄为 23.37±2.32。另一个被试群体来自高校外具有一年以上婚姻关系的夫妻,共 35 对夫妻被试,婚龄从 1 至 22 年,平均婚龄为 9.34±6.30;年龄从 22 至 49 岁,平均年龄为 33.60±5.73。

3.2.2 测量工具

采用《亲子依恋回溯报告》对亲子依恋表征进行测量(参见第三章测量工具及数据分析部分)。

采用《亲密关系经历量表(ECR)中文版》对成对被试的恋爱或婚姻关系进行测量(参见第四章问卷调查 1)。在问卷指导语上与本研究"问卷调查 1"有所不同。在"问卷调查 1"中测量的是被试在所有异性亲密关系中"经常或一般"的体验,而本次调查要求被试根据自己与"目前恋人或配偶"的关系体验对项目作出反应。

3.2.3 研究程序

通过工作中的同事或社会上的朋友介绍,在高校内获得成对恋人被试,在居民社区内获得成对夫妻被试。每份问卷由"男方问卷"和"女方问卷"共两套构成,由获得被试的同事或朋友作为主试,并要求主试可以保证两套问卷由成对恋人或夫妻中的双方分别独立作答。施测结束后回收问卷,输入计算机进行管理。

3.2.4 数据处理

采用 SPSS11.5 进行数据统计和分析。

3.3 结 果

3.3.1 成对恋人和夫妻的亲子及婚恋依恋表征的性别差异分析

对婚恋依恋表征的测量得到依恋焦虑和回避两个指标的标准分,对亲子依恋的测量包括安全型、回避型、矛盾型及总体安全性得分。不同婚姻状况和性别被试得分情况见表 4-2 所示。

表 4-2　恋爱及婚姻关系中成对被试的亲子及婚恋依恋表征得分情况(n=71 对)

		未婚(36 对)		已婚(35 对)	
		男方	女方	男方	女方
婚恋关系	依恋焦虑	−0.01±1.12	0.05±1.05	−0.14±1.02	0.10±0.79
	依恋回避	0.05±1.00	−0.25±1.03	0.25±0.93	−0.05±1.01
与父亲依恋	安全型	13.65±3.03	13.85±2.92	13.94±2.42	13.71±3.20
	回避型	6.35±2.94	6.50±3.03	6.62±2.94	6.17±3.00
	矛盾型	9.03±3.48	8.18±3.73	8.08±2.59	8.09±3.91
	总体安全性	−1.74±8.87	−0.82±9.09	−0.76±6.91	−0.54±8.73
与母亲依恋	安全型	15.32±1.68	15.03±2.58	14.51±3.67	13.49±3.60
	回避型	4.74±1.73	5.41±3.06	5.53±2.94	6.54±3.24
	矛盾型	6.82±2.24	7.88±2.91	7.15±2.90	8.26±3.03
	总体安全性	3.76±4.77	1.74±7.52	1.76±8.50	−1.31±8.93

配对样本 t 检验表明,无论是针对未婚大学生恋人还是已婚夫妻,在婚恋依恋焦虑和回避维度上均未见显著的性别差异。在亲子依恋表征各维度上,Wilcoxon Signed-Rank 检验表明,无论是针对未婚大学生恋人还是已婚夫妻,在亲子依恋表征各维度上均未见显著的性别差异。

3.3.2 亲子及婚恋依恋表征得分上男女被试之间的相关分析

在亲子依恋及婚恋依恋各维度得分上对成对恋人或夫妻之间的相关性进行分析，Spearman 相关系数值见表 4-3 所示。

表 4-3　亲子及婚恋关系中各男女被试间的相关系数（r_R）

		成对恋人	成对夫妻	被试合计
婚恋关系	依恋焦虑	−0.04	0.16	0.04
	依恋回避	0.17	0.40*	0.29*
与父亲依恋	安全型	0.45**	0.25	0.37**
	回避型	0.26	0.33	0.31*
	矛盾型	0.22	0.41*	0.33**
	总体安全性	0.24	0.41*	0.33*
与母亲依恋	安全型	0.02	0.19	0.11
	回避型	0.27	0.23	0.26*
	矛盾型	0.06	0.24	0.19
	总体安全性	0.08	0.25	0.19

注：* 表示 $P<0.05$；** 表示 $P<0.01$；下同。

结果显示，(1)从婚恋关系中的焦虑与回避维度上看，男女双方在婚恋回避上相关显著，但主要存在于成对夫妻被试群体，显示夫妻双方的回避倾向具有显著的一致性，但在未婚恋人之间，依恋焦虑和回避均未见显著相关。(2)在与父亲的依恋关系中，婚恋双方与各自的父亲依恋安全性相关显著；未婚恋人主要表现在与父亲依恋安全型得分上，已婚夫妻主要表现在与父亲依恋矛盾型得分上。(3)在与母亲的依恋关系中，无论是未婚恋人之间，还是已婚夫妻之间，婚恋双方与各自母亲依恋安全性相关均不显著，但在被试总体上，婚恋双方同母亲的回避型得分仍然存在显著正相关。

3.3.3 婚恋依恋焦虑和回避对亲子依恋表征的回归分析

以婚恋关系中双方的亲子依恋总体安全性为预测变量，双方的婚恋依恋焦虑和回避为标准变量，回归分析结果表明，婚恋双方与各自母亲的依恋总体安全性能够显著负向预测男方在婚恋关系中的回避倾向（$\beta=$

-0.28，$p<0.05$；$\beta=-0.26$，$p<0.05$）；同时男方与其母亲的依恋总体安全性还能够显著预测女方在婚恋关系中的回避倾向（$\beta=-0.37$，$p<0.01$）。总体上的表现为：来自母亲的依恋总体安全性对婚恋关系表征中的回避倾向有显著的负向预测作用，而来自父亲的依恋总体安全性对婚恋关系表征没有显著的预测作用。

以未婚大学生恋人为分析对象进行回归分析，结果显示，来自父亲和母亲的依恋安全性均不能显著预测恋爱双方的焦虑或回避倾向。

以已婚夫妻为分析对象进行回归分析，结果显示：（1）来自男方与母亲的依恋总体安全性能够显著负向预测男方在婚姻关系中的焦虑倾向（$\beta=-0.46$，$p<0.01$）；（2）男方与父亲和母亲的依恋总体安全性、以及女方与父亲的依恋总体安全性能够同时预测男方在婚姻关系中的回避倾向（$\beta=-0.46$，$p<0.01$；$\beta=-0.33$，$p<0.01$；$\beta=-0.36$，$p<0.01$）；（3）男方与母亲的依恋总体安全性能够分别预测女方在婚姻关系中的焦虑和回避倾向（$\beta=-0.37$，$p<0.05$；$\beta=-0.45$，$p<0.01$）。

3.4 讨 论

在成对恋人和夫妻的婚恋依恋表征得分上，无论是焦虑还是回避倾向，均未见显著的性别差异，结果同本章问卷调查1中针对大学生异性亲密关系的研究结果是一致的。虽然在国外的研究（Frey，Hojjat，1998；Worobey，2001）中发现，男女双方在恋爱风格上存在显著的性别差异，但本研究的结果显示，这种恋爱风格上的性别差异在婚恋依恋表征上并没有明显的表现。

在亲子依恋表征得分上，各维度均未见显著的性别差异，这与第三章研究中亲子依恋表征存在显著性别差异的结果不一致，其原因可能与被试量有关，本研究的被试量比较小，因而性别差异的显著性未能表现；另一方面也可能与被试构成有关，在第三章的研究中，被试来自普通大学生,而在本研究中,被试为成对夫妻或恋人,相应的差异检验方法也不同;另外,被试年龄也不同,在第三章研究中,被试群体来自大学一、二年级,在本研究中,一部分被试为大学生恋人,另一部分则为已婚夫妻,平均年龄更大。在以往的研究中(Hazan,Shaver,1987)发现,即使到了成人阶段,随着年龄的增长以及社会身份的变化,亲子依恋表征仍然会发生新的变化,而在具体表现上仍有待进一步的研究。

在婚恋依恋表征得分上,研究发现,总体而言,男女双方在婚恋回避倾向上相关显著,显示在婚恋关系中,其中一方的回避倾向意味着另一方也同样具有回避倾向,显示婚恋关系中的回避倾向是相互影响的。在Hendrick等人(1988)针对成对恋人关系的研究中也发现,恋爱双方在交往风格上存在中等程度相关,这与本研究结果是一致的。但在本研究分别针对恋人和夫妻的相关分析中发现,这种婚恋回避的相互性主要存在于夫妻之间,在恋人之间这种倾向却不明显。这种夫妻和恋人两个被试群体所表现出来的差异,可能与婚恋关系的性质有关:在恋爱关系中,其中一方对待另一方的恋爱态度可能保持着相对的独立性,因此其中一方的回避倾向并不一定引起另一方的回避;而在夫妻关系中,由于长期生活在一起,双方的婚姻态度可能趋于一致,因此其中一方的回避倾向很容易导致另一方的回避。对于亲密关系中的回避倾向,有研究(Collins,1996)发现,虽然回避型的人倾向于在交往中对事件做出消极的解释,但在情绪上则表现出较少的挫折体验;Fraley和Shaver(1997)的研究认为,回避倾向者并非有意压抑了他们情绪上的问题,而是压抑了他们潜在的依恋表征的激活;Sedikides和Koole(2004)则认为,在亲密关系中采取回避态度的人很可能是出于一种对自我的保护。如果从以往的这些研究出发对本研究结果进行分析,则显示了在夫妻关系中的自我保护倾向十分明显,而在恋爱关系中则没有这种表现。

在婚恋依恋的回归分析中发现,从总体上看,男方与母亲的依恋总体安全性越低,不仅意味着男方在婚恋关系中的回避倾向,同时也意味着女方在婚恋关系中的回避倾向。这个结果一方面显示男方将母子之间不安全依恋所产生的回避反应作为一种防御性策略投射到了婚恋关系对象上（Mikulincer, Horesh, 1999），另一方面正如前面分析的那样，男方的回避倾向又使得女方为了自我保护而表现出类似的回避倾向。在总体分析中还看到，女方与母亲的依恋总体安全性对女方自身的婚恋关系表征没有显著的预测作用，却能够显著预测男方在婚恋关系中的回避倾向，显示了亲子依恋对婚恋关系影响上的复杂性。但从总体上说，在亲子依恋对婚恋关系的影响上，来自母亲的影响要大于父亲，这与国外相关研究（Kerns *et al*, 1996；de Minzi, 2006）结果是一致的，在他们的研究中发现，父亲对子女普遍的社会接纳影响较大，而母亲则对子女亲密关系影响较大。

在分别以恋人和夫妻群体为分析对象时发现，在未婚恋人中未见来自父母的依恋安全性对恋爱关系表征的显著预测作用，这与本研究"问卷调查1"中的结果（亲子依恋能够显著预测异性亲密关系表征）不一致，可能是因为两个调查的被试来自不同的群体，同时在测量上也有所区别："问卷调查1"中被试为普通大学生，测量的是对异性亲密关系比较一般的态度和体验，而"问卷调查2"中的被试为具有明确恋爱关系的大学生，测量的是对特定恋爱对象的态度和体验。本研究结果提示，没有明确对象的异性亲密关系表征与具有确定对象的恋爱关系表征可能具有不同的特点，如果将依恋模式作为一种关系变量（周春燕，黄希庭，2004）的话，那么在具体关系中的依恋表征可能受到更多偶然因素的影响，因而难以体现亲子依恋对具体恋爱关系表征的预测作用。

针对夫妻关系的分析发现，研究结果与假设中所包含的"性别关系效应"是基本一致的：在夫妻关系中，一方面，男方与母亲的依恋总体安全性不仅显著预测男方自己在婚姻关系中的焦虑和回避倾向，同时也能够显著预测女方在婚姻关系中的焦虑和回避倾向；另一方面发现，女方与自己父亲的依恋总体安全性也会影响到男方对待婚姻的态度，女方与自己父亲的依恋总体安全性越低，则意味着男方对自己的回避倾向也越明显。

4 小 结

本研究结果显示：

(1)在大学生同性亲密关系表征上，男性大学生的回避倾向显著高于女性大学生，显示在同性之间的亲密程度上，女性大学生要高于男性大学生。在异性亲密关系表征上，男女大学生未见显著的性别差异。

(2)来自"异性关系"的亲子依恋表征对大学生亲密人际交往中的焦虑倾向有显著的预测作用；显示在"异性关系"的亲子依恋中，来自父母的态度越不明确、越不友好、越多控制，则在子女的亲密关系中越缺乏自信、越不能认可自我价值，进而在亲密关系中体验到更多的焦虑和不安。

(3)在亲子依恋表征对大学生亲密关系回避倾向的影响上，"性别关系效应"非常明显，具体表现为："同性关系"的亲子依恋表征能够显著预测大学生在同性亲密关系中的回避倾向，而"异性关系"的亲子依恋表征能够显著预测大学生在异性亲密关系中的回避倾向。

(4)在大学生具有明确对象的恋爱关系表征上，亲子依恋表征没有显著的预测作用。

(5)在成人的婚姻关系中发现，亲子依恋表征对婚恋依恋表征有显著预测作用，"性别关系效应"明显：婚姻中的男方与自己母亲的依恋安全性越低，不仅意味着男方自己在婚姻关系中的焦虑和回避倾向越高，也意味着女方在婚姻关系中的焦虑和回避倾向越高；另一方面，婚姻中的女方与自己父亲的依恋安全性越低，则意味着男方对自己的回避倾向越明显。

第五章　研究三：亲子依恋对大学生一般依恋表征影响的性别差异

1　引　言

　　本研究主要针对亲子依恋对大学生一般依恋表征影响的性别差异进行考察，在研究方法上，一是通过问卷调查形式考察亲子依恋表征对大学生一般依恋表征预测作用上的性别差异问题，二是考察分别来自于父亲和母亲的依恋安全记忆激活对大学生一般依恋表征影响的性别差异问题。

1.1　亲子依恋与一般依恋表征

　　一般依恋表征是指在人际关系中对自我和他人的一般看法或普遍预期（Bartholomew，Horowitz，1991；Cash *et al*，2004），它是在具体的亲密交往关系（如亲子、同伴或婚恋关系）中逐渐内化和抽象化而形成的，包括自我模型和他人模型两个方面。他人模型是指对人际关系中对他人交往价值的一种普遍预期，即觉得他人是否可以信赖、是否愿意对交往对象寻求支持和保护的需求作出积极回应；自我模型是指对人际关系中对自我价值的普遍预期，即是否觉得自己是受到欢迎的、是他人乐意交往和给予支持的。虽然自我模型和他人模型存在一定的关联（Pemberton，

Sedikides，2001），但二者仍然可以被看作是一般依恋表征中相对独立的两个维度（Bartholomew，Horowitz，1991），并由这两个维度构成了四种依恋类型：安全型的人认为自己值得爱与支持，即自我模型是肯定和积极的，同时认为他人能够寄予希望和值得信赖，即他人模型也是肯定和积极的；在其他三种类型中，独占型的人自我模型是否定的，他人模型是肯定的；轻视型（或称为轻视——回避型）的人自我模型是肯定的，他人模型是否定的；害怕型（或称为害怕——回避型）的人自我模型与他人模型均是否定的。每一种类型都可以被看作是一组可观察的人际特质（Anderson，Sedikides，1991；Banai *et al*，1998），而自我模型和他人模型则是区分不同依恋类型的内在尺度。

本研究认为，在对亲子依恋影响一般依恋表征的性别差异问题进行考察时，有必要从"性别关系"的角度首先对一般依恋表征本身的性别问题作一番考察。在以往对一般依恋表征的分析和测量中（Hazan，Shaver，1987；Bartholomew，Horowitz，1991；Collins，1996；Sedikides，Koole，2004），作为一般依恋对象的均是不作性别区分的概括化"他人（others）"，对此本研究提出的问题是，为了从"性别关系"的角度对一般依恋表征进行比较细致的分析，是否可以将概括化他人进一步区分为"一般男性"和"一般女性"呢？从具体的依恋关系对象上看，可以从性别上区分为"男性"和"女性"两个大的类型，其中与"男性"的亲密关系包括"与父亲的关系"、男性个体的"同性同伴关系"、女性个体的"婚恋关系"等；而与"女性"的亲密关系包括"与母亲的关系"、女性个体的"同性同伴关系"、男性个体的"婚恋关系"等。从理论上看，如果说一般依恋表征是具体依恋关系的概括与抽象化的结果，那么在这种概括与抽象化的结果中应该存在对"一般男性"和"一般女性"比较普遍和一般的看法。

基于以上考虑，本研究首先将一般依恋表征的测量区分为个体与"一般男性"和"一般女性"的依恋表征，并在此基础上分析亲子依恋表征对大学生一般依恋表征影响的性别差异问题。在这个问题上，本研究的基本假设是：与父亲的依恋表征能够显著预测大学生与"一般男性"的依恋表征；与母亲的依恋表征能够显著预测大学生与"一般女性"的依恋表征。

1.2 亲子依恋记忆激活对大学生一般依恋表征的影响

在将一般依恋表征从性别上区分为"一般男性"和"一般女性"的基础上，为了考察亲子依恋对一般依恋表征影响的性别差异问题，除了相关分析方法之外，还可以通过依恋记忆激活的实验方法进行考察。

从以往的研究中可以发现，不论个体本身的依恋类型是怎样的，均可以通过实验操纵的方式来激活被试的安全依恋表征，从而获得某种激活效应。比如有研究发现，依恋安全记忆激活能够显著提高被试的同情反应、对他人需求的敏感程度以及利他行为（Mikulincer *et al*，2001；Mikulincer *et al*，2005）。国内学者也有类似的研究（周爱保等人，2005），研究者利用"母子图"作为安全基地图片进行依恋安全激活，结果显示，安全基地图片对积极情感的启动效应非常明显，而且阈上、临界、阈下呈现启动图片等不同条件下对积极情感的启动效果均很稳定。就目前的研究现状看，虽然以往的研究均显示出依恋安全记忆激活的积极效应，但针对不同依恋对象和性别关系的依恋安全记忆激活效应的比较研究尚显得十分缺乏（Sedikides，2005）。

本研究认为，如果亲子依恋对一般依恋表征的影响存在显著的性别差异，那么亲子依恋的安全记忆激活也应该对一般依恋表征存在显著影响（Broemer，Blumle，2003），并在性别差异上具有同样的表现。

在通过记忆激活的方式进行考察时，亲子依恋表征与一般依恋表征之间可能存在三种影响模式（见图 5—1）：(1)亲子依恋记忆激活影响一般依恋表征；(2)一般依恋记忆激活影响到亲子依恋表征；(3)在记忆激活效应上，亲子依恋表征与一般依恋表征二者存在相互影响。

模式1:	亲子依恋	⟶	一般依恋
模式2:	亲子依恋	⟵	一般依恋
模式3:	亲子依恋	⟷	一般依恋

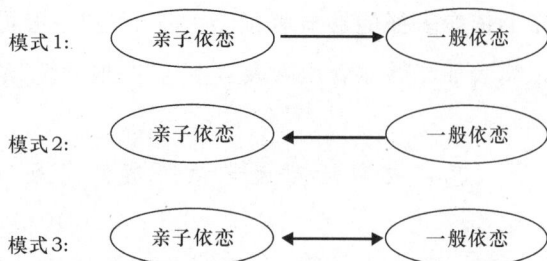

图 5—1　亲子依恋与一般依恋记忆激活效应的三种可能模式

为了同时对上述三种影响模式进行检验,本研究设计了两个实验,实验 1 主要考察亲子依恋安全记忆激活对一般依恋表征影响的性别差异问题,基本假设是:被试与父亲的依恋安全记忆激活能够显著提高被试对"一般男性"的依恋安全性;被试与母亲的依恋安全记忆激活能够显著提高被试对"一般女性"的依恋安全性。

实验 2 作为对实验 1 的补充,主要考察被试的一般依恋安全记忆激活对亲子依恋表征的影响,从而对上述三种影响模式进行粗略的检验。在依恋理论及以往的研究中,亲子依恋往往作为个体其他依恋关系的影响因素,因此实验 2 的假设是:一般依恋安全记忆激活对亲子依恋表征没有显著影响。

2　问卷调查:亲子依恋与大学生的一般依恋表征

2.1　目　的

通过问卷调查验证本研究提出的假设:来自父亲的依恋安全性能够显著预测大学生对"一般男性"的依恋表征;来自母亲的依恋安全性能够显著预测大学生对"一般女性"的依恋表征。

2.2 研究方法

2.2.1 被试

武汉地区普通高校一、二年级大学生被试共计 145 人,其中男性 59 人,女性 86 人,平均年龄 20.03±0.97。

2.2.2 测量工具

中文版《亲子依恋回溯报告》(参见第三章测量工具及数据分析部分)。

《RQ 中文修订版》(参见附录 3)。RQ(Relationship Questionnaire) 由 Bartholomew 和 Horowitz(1991)在 Hazan 和 Shaver(1987)编制的成人依恋问卷基础上修订而成,随后被研究者用于对某一类型依恋对象(同性或异性亲密关系对象等)以及成人一般依恋类型的测量(Bogaerts *et al*,2006;Imamoglu,Imamoglu,2006)。RQ 的测量原理是将依恋表征区分为自我模型和他人模型两个维度,前者意味着个体在交往关系中对自我的积极(+)或消极(一)看法,后者意味着个体在交往关系中对他人的积极或消极看法。自我模型和他人模型以及各自的积极、消极倾向构成四种依恋类型:安全型(+,+)、独占型(一,+)、轻视——回避型(+,一)和害怕——回避型(一,一)。RQ 在测量上非常简略,即分别给出个体在与他人交往关系中可能存在的四种依恋类型的一段文字描述,要求被试在 7 点量表上针对每一类型的描述选择一个分值来表示某种类型适合自己的程度,然后可以由下面的公式计算出被试在自我模型和他人模型上的得分(李同归,加藤和生,2006):

自我模型得分=(安全型 + 轻视——回避型)-(独占型 + 害怕——回避型)

他人模型得分=(安全型 + 独占型)-(轻视——回避型 + 害怕——回避型)

由于 RQ 在获得一般依恋类型得分上仅通过一段文字描述,测量的稳定性存在不足,因此也有国外研究者(Cash *et al*,2004)采用以 RQ 为基础修订的 RSQ(Relationship Styles Questionnaire)对一般依恋表征进行测量。RSQ 包含 30 个测量项目,与 RQ 不同之处在于采用了多项目呈现的方式对某种依恋类型进行测量,不同依恋类型测量项目的内部一致性系数从 0.31 到 0.75。本研究采用的《RQ 修订版》以原始的 RQ 为参照,首先将原始问卷翻译成中文,然后将四种依恋类型中的每一类型由原来的整段描述拆分成三个项目呈现,文字表述上也根据单个项目呈现的需要作了一定的修改。由于原始问卷只是简短的描述性文字,其后又作了一定的修订,因此在翻译中并没有进行文字回译。修订后的问卷由 12 个测量项目构成,7 点计分;不同依恋类型测量项目的内部一致性系数分别为安全型 0.41,独占型 0.28,轻视——回避型 0.47,害怕——回避型 0.35;四周后的重测信度(n＝33)分别为 0.76,0.75,0.87 和 0.77。同 RSQ 类似,本测量项目的内部一致性系数偏低,主要原因是每种依恋类型所包含的测量项目并不是同质的,而是分别针对一般依恋表征中的自我模型和他人模型的测量(Griffin,Bartholomew,1994,参见 Cash *et al*,2004)。通过 RQ 问卷对不同关系对象依恋表征的测量一般是在测量的指导语上,对测量的"关系对象"在文字表述上略作调整,如通过 RQ 问卷可以分别针对"恋人"、"同伴"以及"一般人"进行测量(Bogaerts *et al*,2006;Imamoglu,Imamoglu,2006)。本研究在对 RQ 进行中文版修订的基础上,更进一步将问卷分割为两个分量表的形式,其中一个分量表对被试与"一般男性"关系表征进行测量,得到相应的自我模型和他人模型两个指标,另一个分量表对被试与"一般女性"关系表征进行测量,得到相应的自我模型和他人模型两个指标,得分越高,表示相应的依恋表征越积极。

2.2.3 研究程序

由来自武汉地区普通高校的任课教师担任主试,事先对指导语及可能出现的与问卷有关的问题进行讲解,由教师随课堂发放问卷并进行集体施测。施测结束后回收问卷,输入计算机进行管理。

2.2.4 数据处理

采用 SPSS11.5 进行数据统计和分析。

2.3 结 果

2.3.1 大学生一般关系表征的性别差异分析

对大学生一般关系表征的测量分别得到被试与一般男性交往的自我模型和他人模型,以及被试与一般女性交往的自我模型和他人表征模型,得分情况见表 5-1 所示。

表 5-1 被试一般关系表征的得分情况($n=145$)

	与一般男性交往		与一般女性交往	
	自我模型	他人模型	自我模型	他人模型
男性($n=59$)	5.61±6.00	6.02±6.74	3.64±6.62	4.53±8.19
女性($n=86$)	2.98±7.91	1.12±7.65	2.26±7.89	6.40±6.53
总体($n=145$)	4.05±7.29	3.11±7.66	2.82±7.41	5.63±7.28

首先从总体上对大学生与"一般男性"和"一般女性"的依恋表征进行相关分析,结果显示:大学生与"一般男性"和"一般女性"关系中的自我模型为中等程度正相关($r=0.42$,$p<0.01$);他人模型为弱正相关($r=0.34$,$p<0.01$)。

其次从总体上对大学生与"一般男性"和"一般女性"的依恋表征进行差异检验,配对样本 t 检验显示:大学生与"一般男性"和"一般女性"关系中的自我模型没有显著差异($p>0.05$);他人模型在"一般女性"关系中得分显著高于"一般男性"($p<0.01$)。

分别以男性和女性大学生得分数据进行分析,配对样本 t 检验显示,对男性大学生而言,他们与"一般男性"交往时的自我模型显著高于他们与"一般女性"交往时的自我模型（$t(58)=2.14$，$p<0.05$）；在他人模型上没有显著差异（$t(58)=1.50$，$p>0.05$）。对女性大学生而言，她们在自我模型上没有显著的性别差异（$t(85)=0.79$，$p>0.05$）；在他人模型上，女性大学生与"一般男性"交往时的他人模型显著低于她们与"一般女性"交往时的他人模型（$t(85)=-6.03$，$p<0.001$）。

另外，通过独立样本 t 检验显示，在与"一般男性"关系中的自我模型和他人模型上，男性大学生得分均显著高于女生（$t(143)=2.17$，$p<0.05$；$t(143)=3.97$，$p<0.001$）。在与"一般女性"关系中的自我模型和他人模型上，男女大学生的差异不显著（$t(143)=1.11$，$p>0.05$；$t(143)=-1.53$，$p>0.05$）。

2.3.2 一般依恋表征对亲子依恋总体安全性的回归分析

首先从男女被试总体上进行回归分析，以亲子依恋总体安全性为预测变量，一般依恋表征为标准变量，回归分析结果仅发现与父亲依恋总体安全性对大学生与"一般女性"交往的他人模型存在显著的正向预测作用（$\beta=0.23$，$p<0.01$），其他方面均未见显著的预测作用。

以男性大学生为对象进行回归分析结果显示，无论是与父亲还是母亲的依恋总体安全性均未见对男性大学生一般依恋表征的显著预测作用。

以女性大学生为分析对象的回归分析结果发现，女性大学生与父亲的依恋总体安全性能够显著正向预测她们与一般男性交往中的自我模型（$\beta=0.25$，$p<0.05$），同时也能够显著正向预测她们与一般女性交往中的自我模型（$\beta=0.24$，$p<0.05$）。与母亲的依恋总体安全性对女性大学生的一般关系表征没有显著的预测作用。

2.4 讨 论

在针对大学生一般依恋表征的测量上，本研究结果显示，大学生与

"一般男性"和"一般女性"的依恋表征是不同的,二者在自我模型上相关系数值为 0.42,在他人模型上相关系数值为 0.34,虽然相关显著,但从相关系数值来看,二者没有达到强相关,说明二者可以相互解释的比率以及二者的密切程度并不高,因此可以推测,在个体的依恋表征系统中存在对"一般男性"和"一般女性"两种不同对象的依恋表征。

在对"一般男性"和"一般女性"依恋表征的差异进行检验时发现,虽然从男女大学生总体上看,他们与"一般男性"和"一般女性"依恋表征中的自我模型没有显著差异,但实际上这种情况只表现在女性大学生群体中;在男性大学生群体中,他们与"一般男性"依恋表征的自我模型显著高于"一般女性",显示男性大学生在与"一般男性"交往时比较自信,而与"一般女性"交往时比较缺乏自信。在他人模型的性别差异上发现,总体上看,大学生与"一般女性"的依恋表征得分显著高于"一般男性",但这种趋势只表现在女性大学生群体中,显示女性大学生在一般的人际交往中更加认可"一般女性"的交往价值,而不太认可"一般男性"的交往价值;在男性大学生群体中,他们与"一般男性"和"一般女性"交往时的他人模型得分没有显著差异。

在对男女大学生的一般依恋表征进行比较时发现,在与"一般男性"依恋表征中的自我模型和他人模型上,男性大学生得分均显著高于女生,显示在与"一般男性"交往时,男性大学生比女性大学生显得更自信,同时也更能认可对方的价值。在与"一般女性"依恋表征中的自我模型和他人模型上,男女大学生的差异不显著。

针对我国大学生人际关系的相关研究中,有研究者(王军,2003)发现,工科院校的男性大学生比女生表现出更多的人际退缩行为,本研究却发现,男性大学生在与"一般男性"交往时比女性大学生有更积极的态度,而男性大学生的"人际退缩行为"仅仅表现在与"一般女性"交往时比较缺乏自信,而不是对"女性"价值的否定。另有研究(田可新等人,2005)发现,男性大学生的人际信任高于女生,这个结果与本研究发现是一致的,但仅表现在与"一般男性"的交往关系中。还有研究(刘欣,2004)发现,大学生倾向于将社交上的失败归因于他人,本研究结果提示,这种倾向可能主要表现在女性大学生群体中,而且是针对男性交往对象而言,因为她们更倾向于否定男性交往对象的价值。

将本研究结果与以往的研究结果进行对比显示,在大学生的人际关系中,存在比较复杂的性别差异问题。将大学生的交往对象区分为"一般男性"和"一般女性",虽然使性别差异问题变得更加复杂,但同时也有助于对问题进行更深入细致的分析。

在将大学生一般交往对象区分为"一般男性"和"一般女性"基础上,本研究考察了亲子依恋对大学生一般依恋表征的预测作用,结果显示,总体上看,父亲依恋安全性对大学生与"一般女性"交往时的他人模型存在显著的预测作用。分别以男女大学生为分析对象时发现,对男性大学生而言,无论是与父亲还是母亲的依恋安全性均未见对男性大学生一般依恋表征的显著预测作用。对女性大学生而言,她们与父亲的依恋安全性能够显著预测她们在与"一般男性"和"一般女性"交往中的自我模型;与母亲的依恋安全性对女性大学生的一般关系表征没有显著的预测作用。本研究结果提示,女性大学生的一般依恋表征受到来自父亲(而不是母亲)的依恋安全性影响,与父亲的依恋安全性越高,她们越能够认可自我价值,在一般交往中显得越自信。相比之下,亲子依恋安全性对男性大学生的一般依恋表征没有显著影响。本研究结果同研究假设不吻合,但同Samuolis等人(2001)的研究存在某种程度的一致性,在Samuolis等人的相关分析中发现,亲子依恋与女性被试的自我认同显著相关,而男性被试的自我认同则相对独立于亲子依恋关系。虽然自我认同概念与一般依恋表征中的自我模型存在联系,但二者属于不同的概念体系,男性大学生的自我模型是否比女性大学生更为独立,尚有待进一步研究证实。另外,本研究与国外一个同类研究(Matsuoka *et al*,2006)结果不一致,在他们的研究中发现,对男性大学生而言,他们同父亲的早期依恋关系能够更好地预测他们的一般依恋表征;而对于女性大学生而言,则是她们同母亲的早期依恋关系能够更好地预测她们的一般依恋表征。在国外的研究中并没有区分"一般男性"和"一般女性"这两种不同的关系对象,因此这种研究结果的不一致可能与测量的关系对象不同有关,另一方面也可能与文化差异有关。

为深入考察亲子依恋对大学生一般依恋表征的影响,本研究将在下一步的实验中对研究假设作进一步的验证。

3 实验 1:亲子依恋记忆激活对一般依恋 表征影响的性别差异

3.1 目 的

实验 1 旨在考察亲子依恋记忆激活对一般依恋表征影响的性别差异问题。由于受试者被随机地分配到记忆激活组或控制组,因而能够有效控制受试者本身的亲子依恋表征类型,而将亲子关系中的"安全基地"激活效应凸显出来(周爱保等人,2005;Sedikides,2005)。本实验的具体假设是:(1)被试与父亲的依恋安全记忆激活能够显著提高被试对"一般男性"的依恋安全性;(2)被试与母亲的依恋安全记忆激活能够显著提高被试对"一般女性"的依恋安全性。

3.2 研究方法

3.2.1 被试

以武汉地区高校大学生为被试,共计 152 人,其中男性 56 人,女性 96

人,平均年龄 20.22±1.19。

3.2.2 实验材料与设计

实验设计上符合双盲实验设计要求。整个实验过程分为三个主要步骤,在第一个步骤中通过问卷指导语和问答形式对被试进行亲子依恋记忆激活的实验操纵,被试被随机分配到两个实验组和一个控制组:与父亲依恋安全激活组、与母亲依恋安全激活组和控制组。依恋安全记忆激活方式参考了国外同类研究(Sedikides,2005;Kumashiro,Sedikides,2005),与父亲依恋安全激活组在问卷指导语中要求被试回忆小时候与父亲在一起的愉快经历,然后要求被试用书面回答四个问题(例如其中一个问题为:想象您仍然处在和父亲的那种愉快的体验中,而此刻,您父亲就坐在您的身边,您会有些什么感受,请您描述一下),设计问题的目的是通过问答形式进一步激活被试与"实验预设对象"的依恋安全性;与母亲依恋安全激活组的操作方法与父亲相同,"实验预设对象"指向母亲。控制组的指导语要求被试回忆在过去的经历中努力学习的情景,并提出四个相关的问题要求书面回答(设计问题的目的是使控制组在"激活任务"中尽量与实验组保持一致)(三组被试不同的实验操纵参见附录4)。

在第二个步骤中,为了使被试从激活任务中放松下来,使情绪得到缓解(Mikulincer *et al*,2002),安排了一次填充或分心作业(distracter),通过问卷形式向被试呈现一些脑筋急转弯的题目和答案,并要求被试对每个脑筋急转弯问题的"趣味性"进行评分(参见附录4)。

在第三个步骤中采用《RQ 修订版》将被试的一般依恋表征作为因变量进行测量(参见第五章问卷调查部分)。

3.2.3 研究程序

由心理学专业教师担任主试,事先对如何分配被试、具体的实验程序及可能出现的有关问题进行讲解,由主试随课堂进行集体施测。施测结束后回收问卷,输入计算机进行管理。整个研究在程序上分为三个步骤:

首先将被试随机分配到两个实验组和一个控制组,并对每一位被试进行特殊编号,然后通过问卷形式进行实验操纵,时间控制在 15 分钟左右,以保证所有被试能够比较轻松地完成答题任务。任务结束后回收问卷。

然后进行填充作业,时间控制在 10 分钟左右。任务结束后回收问卷。

最后发放第三次问卷,对"一般依恋表征"进行测量。

整个实验过程需要 40 分钟左右完成。

3.2.4 数据处理

采用 SPSS11.5 进行数据统计和分析。

3.3 结 果

对不同实验条件下被试的一般依恋表征进行测量,分别得到四个统计指标:被试与"一般男性"关系的自我模型和他人模型,与"一般女性"关系的自我模型和他人模型,见表 5—2 所示。

表 5—2 不同实验条件下被试一般依恋表征得分情况($n=152$)

	与一般男性交往		与一般女性交往	
	自我模型	他人模型	自我模型	他人模型
父亲记忆激活组 ($n=51$)	6.33±5.39	4.37±8.25	3.71±6.91	4.49±7.53
母亲记忆激活组 ($n=52$)	2.44±6.14	4.87±7.21	3.23±6.84	7.88±7.24
控制组($n=49$)	2.59±6.10	2.92±8.31	2.55±7.34	4.71±6.83

在与一般男性交往的自我模型上,方差分析结果显示,三组被试之间差异显著($F(2,149)=7.14$,$p<0.01$),多重比较结果显示,与父亲依恋安全激活组得分显著高于与母亲依恋安全激活组($p<0.01$),同时显著高于控制组($p<0.01$);与母亲依恋安全激活组和控制组之间没有显著差异($p>0.05$)。在与一般男性交往的他人表征上,三组被试之间差异不显著

$(F(2,149)=0.82,p>0.05)$。

在与一般女性交往的自我模型上,方差分析结果显示,三组被试之间差异不显著$(F(2,149)=0.34,p>0.05)$。在与一般女性交往的他人模型上,三组被试之间差异显著$(F(2,149)=3.56,p<0.05)$,多重比较结果显示,与母亲依恋安全激活组得分显著高于与父亲依恋安全激活组($p<0.05$),同时显著高于控制组($p<0.05$),与父亲依恋安全激活组和控制组之间没有显著差异($p>0.05$)。

在父亲激活组内,通过配对样本t检验显示,与一般男性交往中的自我模型得分显著高于与一般女性交往中的自我模型,在他人模型得分上没有显著差异$(t(50)=2.57,p<0.05;t(50)=-0.10,p>0.05)$;在母亲激活组内,通过配对样本$t$检验显示,与一般女性交往中的他人模型得分显著高于与一般男性交往中的他人模型,在自我表征得分上没有显著差异$(t(51)=2.37,p<0.05;t(51)=0.73,p>0.05)$;在控制组内,通过配对样本$t$检验未见自我模型和他人模型在男性和女性交往对象上的显著差异$(t(48)=0.03,p>0.05;t(48)=-1.13,p>0.05)$。

3.4　讨　论

依恋安全记忆激活被认为是检验亲密关系中"安全基地"效应的一种有效手段(Broemer,Blumle,2003),在本研究结果中,不同实验条件下被试的一般依恋表征呈现出显著差异,显示了来自父母的"安全基地"效应不仅对个体的"一般依恋表征"发生影响,同时也存在显著的"性别关系"对应性:一方面,与父亲的安全依恋记忆激活显著提高了被试在与"一般男性"交往中的自我模型,不仅高于控制组,也高于母亲安全依恋记忆激活组,显示与父亲的安全记忆激活显著提高了被试在与"一般男性"交往时的自信和自我价值肯定程度。另一方面,与母亲的安全依恋记忆激活显著提高了被试在与"一般女性"交往中的他人模型,不仅高于控制组,也高于父亲安全依恋记忆激活组,显示与母亲的安全记忆激活显著提高了被试在与"一般女性"交往时对女性价值的认可和信赖程度。

虽然在以往的依恋安全性记忆激活实验中(Mikulincer *et al*,2001;Mikulincer *et al*,2005)发现,良好的人际关系记忆激活能够显著提高被试的同情反应以及对他人需求的敏感程度,但这些研究既没有对不同的依恋对象进行比较,也没有从性别差异上进行考察。本研究却发现,来自父亲和母亲的依恋安全性记忆激活产生了不同的效应,同时,这种效应并不能通过记忆激活所伴随的积极情感来解释。来自父亲和母亲的依恋安全记忆激活都反映出"安全基地"的激活效应(周爱保等人,2005),并能提高被试的积极情绪体验,但本研究结果显示,这种积极情绪的指向并不是随意扩散的,在"性别关系"上具有特定的指向:来自父亲的安全记忆激活指向被试与"一般男性"交往中的自我模型,而来自母亲的安全记忆激活指向被试与"一般女性"交往中的他人模型。

本研究结果也显示,来自父亲的安全依恋记忆激活对被试在一般交往中的他人模型没有显著作用,来自母亲的安全依恋记忆激活对被试在一般交往中的自我模型没有显著作用。

从总体上看,本研究既显示了亲子依恋对大学生一般依恋表征影响的性别差异,也显示了亲子依恋对一般依恋表征中自我模型和他人模型影响的差异,二者交织在一起,使问题变得更为复杂,有待更深入的研究从理论和实证两个方面分析这种差异产生的原因。

4 实验2:一般依恋安全记忆激活对亲子依恋表征的影响

4.1 目 的

实验 2 作为实验 1 的补充,旨在考察一般依恋安全记忆激活是否对亲子依恋表征产生影响,并从记忆激活的角度对亲子依恋表征与一般依恋表征之间相互影响的三种模式进行检验。本实验的假设是:一般依恋安全记忆激活对亲子依恋表征没有显著影响。

4.2 研究方法

4.2.1 被试

以武汉地区高校大学生为被试,共计147人,其中男性53人,女性94人,平均年龄20.09 ± 1.93。

4.2.2 实验材料与设计

实验设计上符合双盲实验设计要求。整个实验过程分为三个主要步骤,在第一个步骤中,将被试随机分配到两个实验组和一个控制组:与一般男性安全依恋记忆激活组、与一般女性安全依恋记忆激活组和控制组。在记忆激活实验的预试中发现,将激活对象区分为"同性"或"异性"比区分为"男性"和"女性"更容易为受试者所接受,因此实际激活对象为"一般同性"或"一般异性"关系对象,然后根据受试者性别将数据分别归入与"一般男性"和"一般女性"的记忆激活组别中去(前者为男性安全记忆激活组,后者为女性安全记忆激活组)。在实验操纵上,一部分被试在问卷指导语中要求回忆他们在与非亲属关系的同性(包括同学、老师或任何其他认识的人)交往中最愉快的经历,然后要求被试用书面回答四个问题(以激活对实验预设对象的依恋安全性);指导语和要求回答的问题类似于实验1中的实验组设计,主要的区别在于将"实验预设对象"指向亲属关系之外的同性。另一部分被试在实验操纵上将"实验预设对象"指向亲属关系之外的异性(具体的实验操纵见附录5)。对控制组的操纵方式同实验1中的控制组设计。

在第二个步骤中所使用的分心作业同实验1的设计。

在第三个步骤中采用《亲子依恋回溯报告》对被试的亲子依恋表征进

行测量(参见第三章测量工具及数据分析部分)。

4.2.3 研究程序

由心理学专业教师担任主试,事先对如何分配被试、具体的实验程序及可能出现的有关问题进行讲解,由主试随课堂进行集体施测。施测结束后回收问卷,输入计算机进行管理。整个研究程序同实验1。

4.2.4 数据处理

采用SPSS11.5进行数据统计和分析。

4.3 结　果

不同实验条件下的被试在亲子依恋表征的测量上分别得到与父亲依恋总体安全性和与母亲依恋总体安全性指标,见表5-3所示。

表5-3　不同实验条件下被试的亲子依恋总体安全性得分情况($n=147$)

	与父亲依恋总体安全性	与母亲依恋总体安全性
男性安全记忆激活组($n=50$)	-0.82 ± 7.90	0.28 ± 7.90
女性安全记忆激活组($n=49$)	-1.24 ± 8.70	1.47 ± 7.25
控制组($n=48$)	-1.85 ± 10.62	0.58 ± 9.27

Kruskal-Wallis H 检验结果显示,在与父亲的依恋总体安全性得分上,三组被试之间差异不显著($X^2=0.01$,$p>0.05$),在与母亲的依恋总体安全性得分上,三组被试之间差异不显著($X^2=0.39$,$p>0.05$)。

在男性安全记忆激活组内,通过 Wilcoxon Signed-Rank 检验未见与父亲和母亲的依恋总体安全性得分存在显著差异($z=1.07$,$p>0.05$);在女性安全记忆激活组内,未见与父亲和母亲的依恋总体安全性得分存在显著差异($z=1.93$,$p>0.05$);在控制组内未见与父亲和母亲的依恋总体安全性得分存在显著差异($z=1.21$,$p>0.05$)。

4.4 讨 论

结果与研究假设一致,显示一般依恋安全记忆激活对亲子依恋表征没有显著影响。将实验 1 和实验 2 的结果相对照可以看出,亲子依恋表征是一种更稳定的关系模式(Larson *et al*,1996),总体趋势是亲子依恋影响着个体其他的人际关系表征(Hazan,Shaver,1987;Verschueren,Marcoen,1999;Hagerty *et al*,2002;胡金生,2003;Dalton *et al*,2006),而不是相反。

5 小 结

本研究结果显示:

(1)大学生存在对"一般男性"和"一般女性"两种不同的依恋表征。

(2)大学生一般依恋表征在关系对象上的性别差异表现为:在男性大学生群体中发现,他们与"一般男性"依恋表征的自我模型显著高于"一般女性",显示男性大学生在与"一般男性"交往时比较自信,而与"一般女性"交往时比较缺乏自信。在女性大学生群体中,她们与"一般女性"依恋表征的他人模型显著高于"一般男性",显示女性大学生在一般的人际交往中更加认可"一般女性"的交往价值,而不太认可"一般男性"的交往价值。

(3)一般依恋表征在男女大学生群体中的性别差异表现为:在与"一般男性"依恋表征中的自我模型和他人模型上,男性大学生得分均显著高于女生,显示在与"一般男性"交往时,男性大学生比女性大学生显得更自信,同时也更能认可对方的价值。在与"一般女性"依恋表征中的自我模型和他人模型上,男女大学生的差异不显著。

（4）在回归分析中发现，对男性大学生而言，无论是与父亲还是母亲的依恋安全性均未见对男性大学生一般依恋表征的显著预测作用。对女性大学生而言，她们与父亲的依恋安全性能够显著预测她们在与"一般男性"和"一般女性"交往中的自我模型；与母亲的依恋安全性对女性大学生的一般关系表征没有显著的预测作用。结果提示，女性大学生的一般依恋表征受到来自父亲（而不是母亲）的依恋安全性影响，与父亲的依恋安全性越高，她们越能够认可自我价值，在一般交往中显得越自信。

（5）在记忆激活实验研究中显示的"性别关系效应"非常明显：一方面，与父亲（而不是母亲）的安全依恋记忆激活显著提高了被试在与"一般男性"交往中的自我模型，显示通过唤醒被试与父亲美好的童年记忆能够提高被试在与"一般男性"交往时的自信和自我价值肯定程度。另一方面，与母亲（而不是父亲）的安全依恋记忆激活显著提高了被试在与"一般女性"交往中的他人模型，显示通过唤醒被试与母亲美好的童年记忆能够提高被试在与"一般女性"交往时对女性价值的认可和信赖程度。

（6）一般依恋安全记忆激活对亲子依恋表征未见显著影响。

第六章 研究四：亲子依恋对大学生感情和社会孤独影响的性别差异

1 引 言

在研究二和研究三中，主要考察了亲子依恋对大学生人际关系表征本身的影响和性别差异问题。本研究从大学生人际关系缺乏的角度出发，以人际孤独感为测量指标，考察亲子依恋对大学生人际孤独感影响的性别差异问题。

有研究者认为，不同的人际关系所引起的孤独感存在显著（Qualter，Munn，2002；Hughes *et al*，2004），并可以将孤独体验区分为情感孤独和社会孤独两类：一般的人际交往使个体同他人保持必要的联系，如果缺乏这种关系以及与此相关的个体与社会网络的整合（Gaertner *et al*，1999），个体便会产生社会孤独，它常常与个体交往的朋友数量（友谊）有关；情感孤独则不同，它通常指缺乏亲密的人际关系，对于成年人而言通常意味着缺乏亲密的异性关系（爱情），因此个体在情感上被隔离（Russell *et al*，1984；Qualter，Munn，2002；Rokach，2004）。

本研究考察亲子依恋表征对大学生感情和社会孤独影响的性别差异，对大学生而言，如果感情孤独与异性之间的亲密关系（爱情）更密切，而社会孤独与同伴之间的交往（友谊）关系更密切，那么在亲子依恋对大学生群体两种孤独体验的影响上，是否存在与亲子依恋对不同人际关系表征影响上所表现的"性别关系"效应相类似的结果呢? 对此,本研究的基本假设是:来自同性父(母)的依恋安全性能够更好地负向预测大学生的社会孤独,而来自异性父(母)的依恋安全性能够更好地负向预测大学生的感情孤独。在研究假设的检验方法上,一是通过问卷调查进行相关分析,二是通过亲子依恋安全记忆激活进行实验研究。

2   问卷调查:亲子依恋与大学生感情和 社会孤独的相关研究

2.1   目   的

通过问卷调查对如下假设进行检验:(1)总体而言,来自同性父(母)的依恋安全性能够显著预测大学生的社会孤独,而来自异性父(母)的依恋安全性能够显著预测大学生的感情孤独。(2)具体而言,对于男性大学生,来自父亲的依恋安全性能够显著预测他们的社会孤独,而来自母亲的依恋安全性能够显著预测他们的感情孤独。对于女性大学生,来自母亲的依恋安全性能够显著预测她们的社会孤独,而来自父亲的依恋安全性能够显著预测她们的感情孤独。

2.2   研究方法

2.2.1   被试

武汉地区普通高校一、二年级大学生共计 94 人,其中男性 45 人,女性 49 人,平均年龄 19.86±1.17。

2.2.2 测量工具

《亲子依恋回溯报告》，用于对亲子依恋表征进行测量（参见第三章测量工具及数据分析部分）。

《感情与社会孤独量表》（参见附录6）。该量表由国内学者翻译修订，用于测量感情和社会孤独；两类孤独与不同的人际交往缺陷有关，感情孤独主要起因于缺乏令人满意的异性亲密关系（爱情），社会孤独主要起因于缺乏令人满意的社会交往和同伴友谊；感情和社会孤独的测量项目分别为5个，采用5点记分，总分作为测量指标；量表具有可接受的信度和效度（刘平，1999）。

2.2.3 研究程序

由来自武汉地区普通高校的任课教师担任主试，事先对指导语及可能出现的与问卷有关的问题进行讲解，由教师随课堂发放问卷并进行集体施测。施测结束后回收问卷，输入计算机进行管理。

2.2.4 数据处理

采用SPSS11.5进行数据统计和分析。

2.3 结 果

2.3.1 被试在感情和社会孤独得分上的性别差异分析

不同性别大学生在感情和社会孤独上的得分情况见表6-1所示。

表6-1 被试在感情和社会孤独上的得分情况（$n=94$）

	社会孤独	情感孤独
男性大学生（$n=45$）	11.78±3.79	13.69±5.20
女性大学生（$n=49$）	10.78±3.45	12.02±4.19

独立样本t检验表明，男女大学生在感情和社会孤独得分上未见显著的性别差异（$t(92)=1.34$，$p>0.05$；$t(92)=1.72$，$p>0.05$）。

2.3.2 大学生感情和社会孤独对亲子依恋安全性的回归分析

将分别来自父亲和母亲的依恋总体安全性作为预测变量,感情和社会孤独作为被预测变量,回归分析结果显示,来自父亲的依恋总体安全性对大学生的感情和社会孤独有显著的负向预测作用($\beta = -0.37$, $p < 0.01$;$\beta = -0.41$, $p < 0.01$);来自母亲的依恋总体安全性未见显著的预测作用。

对原始数据进行处理,将来自"父亲"和"母亲"的依恋表征数据根据被试性别转换成"同性关系"和"异性关系"的亲子依恋数据,然后将来自同性和异性关系的亲子依恋安全性作为预测变量,感情和社会孤独作为标准变量,回归分析结果显示,同性关系的亲子依恋总体安全性对大学生的感情孤独和社会孤独均有显著的负向预测作用($\beta = -0.34$, $p < 0.01$;$\beta = -0.47$, $p < 0.01$);异性关系的亲子依恋总体安全性未见显著的预测作用。

以男性大学生为对象进行回归分析,结果显示:来自父亲(而不是母亲)的依恋总体安全性能够显著负向预测男性大学生的感情孤独($\beta = -0.42$, $p < 0.01$),进一步以亲子依恋的三种类型得分为预测变量进行回归分析显示,主要是来自父亲的依恋矛盾型得分对男性大学生的感情孤独有显著正向预测作用($\beta = 0.45$, $p < 0.01$)。同时,来自父亲(而不是母亲)的依恋总体安全性能够显著预测男性大学生的社会孤独($\beta = -0.66$, $p < 0.01$),进一步以亲子依恋三种类型为预测变量进行回归分析显示,主要是来自父亲的依恋安全型得分对男性大学生的社会孤独有显著负向预测作用($\beta = -0.65$, $p < 0.01$)。

以女性大学生为对象进行回归分析,结果显示:以总体的依恋安全性为预测变量时,对女性大学生的感情孤独未见显著预测作用,但进一步以亲子依恋的三种类型为预测变量进行回归分析显示,来自父亲(而不是母亲)的依恋安全型得分对女性大学生的感情孤独有显著的负向预测作用($\beta = -0.30$, $p < 0.05$)。以总体安全性为预测变量时,对女性大学生的

社会孤独未见显著预测作用,但进一步以亲子依恋的三种类型为预测变量进行回归分析显示,来自母亲(而不是父亲)的依恋安全型得分对女性大学生的社会孤独有显著的负向预测作用($\beta= -0.30$,$p<0.05$)。

2.4 讨 论

在大学生感情和社会孤独得分上,本研究结果未见显著的性别差异,这与骆光林等人(1999)的研究结果是一致的。但在邓丽芳等人(2006)的研究中发现,女性大学生的孤独感显著高于男生。这种研究的不一致,可能与采用的测量问卷不同有关,也可能与被试取样有关。

在亲子依恋对大学生感情和社会孤独的影响上,本次问卷调查结果显示了比较复杂的性别差异。首先,从父母的角度看,主要是来自父亲(而不是母亲)的依恋安全性对大学生的感情和社会孤独具有显著的预测作用。虽然在以往的研究中(Kerns *et al*,1996)发现,来自父亲和母亲的依恋安全性均对子女的孤独体验存在显著影响,本研究结果则显示,从总体上看,在对子女孤独感的影响上,来自父亲的作用更明显。

其次,从不同性别关系的亲子依恋上看,总体趋势显示"同性(而不是异性)关系"的亲子依恋安全性对大学生的感情和社会孤独存在显著的负向预测作用,这种在总体效果上体现出的"同性"亲子依恋重要性在另外一些研究中也有所体现,比如有研究(Moretti,Higgins,1999)发现,来自母亲(而不是父亲)的不良依恋关系对女孩(而不是男孩)的人际关系敏感存在显著的预测作用;另一个研究(Rice *et al*,1997)则发现,来自父亲(而不是母亲)的依恋关系能够更好地预测男孩(而不是女孩)的社会适应。

同总体分析结果类似,本研究针对男性大学生的回归分析发现,主要的来自父亲(而不是母亲)的依恋安全性影响到他们的感情和社会孤独。但针对女性大学生的回归分析结果与总体分析结果不一致,而与研究假设中所包含的"性别关系效应"相当一致,结果发现,来自父亲(而不是母亲)的依恋安全型得分对女性大学生的感情孤独有显著的负向预测作用;来自母亲(而不是父亲)的依恋安全型得分对女性大学生的社会孤独有显著的正向预测作用。这个结果与以往针对儿童、青少年的研究结果存在较大的不同,以往的研究表明,在儿童、青少年时期,父亲对子女(特别是男孩)因缺乏普遍的社会接纳而产生的社会孤独影响较大,而母亲则对子女因缺乏亲密关系而产生的情感孤独影响较大(Kerns *et al*, 1996; de Minzi, 2006)。本研究结果提示,在亲子依恋对个体感情和社会孤独的影响上,大学阶段的表现可能与大学阶段之前存在很大的不同。

在亲子依恋对个体感情和社会孤独影响的性别差异问题上,一方面由于不同的研究针对的被试群体不同,测量方法上也存在差异,因而难以获得一致的结论;另一方面,对于离开父母生活的大学生而言,亲子依恋表征很可能是通过更为现实的人际关系(如同伴或恋爱关系)而发生作用,而不是直接对孤独感产生影响(Rotenberg *et al*, 2004),因而通过相关研究方法较难揭示亲子依恋与大学生孤独体验之间的内在联系。

3 实验:亲子依恋记忆激活对感情和社会孤独影响的性别差异

3.1 目 的

通过亲子依恋安全记忆激活实验对如下假设进行检验:(1)总体而言,来自同性父(母)的依恋安全记忆激活能够显著降低大学生的社会孤独,而来自异性父(母)的依恋安全记忆激活能够显著降低大学生的感情孤独。(2)针对不同性别被试,对男性大学生而言,来自父亲的依恋安全记忆激活能够显著降低他们的社会孤独,而来自母亲的依恋安全记忆激活能够显著降低他们的感情孤独。对女性大学生而言,来自母亲的依恋安全记忆激活能够显著降低她们的社会孤独,而来自父亲的依恋安全记忆激活能够显著降低她们的感情孤独。

3.2 研究方法

3.2.1 被试

以武汉地区高校大学生为被试,共计 282 人,其中男性 136 人,女性 146 人,平均年龄 20.28±1.23。

3.2.2 实验材料与设计

实验设计上符合双盲实验设计要求。整个实验过程分为三个主要步骤,在第一个步骤中通过问卷指导语和问答形式对被试进行亲子依恋记忆激活的实验操纵。被试被随机分配到两个实验组和两个控制组:与父亲依恋安全激活组、与母亲依恋安全激活组、控制组 1 和控制组 2。与父亲和母亲的依恋安全激活与第五章实验 1 操作方法相同。控制组 1 的指导语要求被试回忆过去与人际交往无关的一些愉快经历,比如在纯粹的学习、工作或娱乐中的愉快体验,然后提出四个相关的问题要求书面回答(以进一步激活相应的愉快体验,参见附录 7),控制组 1 的设计目的是考察非人际关系愉快体验的记忆激活是否具有与亲子依恋安全记忆同样的激活效应,并将二者进行对比。控制组 2 同第五章实验 1 中的控制组操作方法和设计目的相同,指导语要求被试回忆在过去的经历中努力学习的情景,并提出四个相关的问题要求书面回答。

在第二个步骤中所使用的分心作业同研究三实验 1。

在第三个步骤中采用《感情和社会孤独量表》对感情和社会孤独进行测量(参见第六章问卷调查部分)。

3.2.3 研究程序

由心理学专业教师担任主试,事先对如何分配被试、具体的实验程序及可能出现的有关问题进行讲解,由主试随课堂进行集体施测。施测结束后回收问卷,输入计算机进行管理。

整个研究程序同研究三实验1。

3.2.4 数据处理

采用 SPSS11.5 进行数据统计和分析。

3.3 结 果

不同性别、不同实验条件下被试在感情和社会孤独上的得分情况见表 6-2 所示。

表 6-2　不同实验条件下被试在感情和社会孤独上的得分情况($n=282$)

		社会孤独	感情孤独
男性	父亲激活组($n=35$)	10.17 ± 2.43	13.34 ± 3.07
	母亲激活组($n=36$)	10.89 ± 3.46	13.61 ± 3.17
	控制组 1($n=34$)	12.53 ± 3.67	14.59 ± 3.94
	控制组 2($n=31$)	12.90 ± 4.41	14.87 ± 3.47
女性	父亲激活组($n=33$)	12.15 ± 3.99	12.61 ± 4.27
	母亲激活组($n=39$)	11.18 ± 3.49	13.59 ± 3.75
	控制组 1($n=35$)	11.86 ± 3.91	13.66 ± 4.24
	控制组 2($n=39$)	11.20 ± 3.23	12.46 ± 3.43

以男性大学生为对象进行方差分析结果显示,在男性大学生的社会孤独得分上,四组之间差异显著($F(3,132)=4.58$,$p<0.01$),多重比较结果显示,"父亲激活组"被试得分显著低于控制组 1($p<0.01$)和控制组 2($p<0.01$),同时,"母亲激活组"被试得分显著低于控制组 1($p<0.05$),但与控制组 2 比较未见显著差异($p>0.05$);"母亲激活组"和"父亲激活组"之间差异不显著($p>0.05$)。在男性大学生的感情孤独得分上,四组之间差异不显著($F(3,132)=1.56$,$p>0.05$)。

以女性大学生为对象,方差分析结果显示,女性大学生在社会和感情孤独各维度上,不同实验条件下被试得分差异均不显著($F(3,142)=0.63$,$p>0.05$)($F(3,142)=0.96$,$p>0.05$)。

在"父亲激活组"内进行性别差异检验,结果显示,感情孤独得分上未见显著差异($t(66)=0.82$,$p>0.05$);社会孤独得分上性别差异显著,男性被试得分显著低于女性被试($t(66)=-2.49$,$p<0.05$)。在"母亲激活组"内进行性别差异检验,结果显示,感情和社会孤独得分上均未见显著的性别差异($t(73)=0.03$,$p>0.05$;$t(73)=-0.36$,$p>0.05$)。

将"父亲激活组"和"母亲激活组"按照被试的性别转换成"同性亲子关系激活组"和"异性亲子关系激活组",方差分析结果显示,被试在社会孤独得分上,四组之间差异边缘显著($F(3,278)=2.36$,$p=0.072$),进一步的多重比较结果显示,"同性亲子关系激活组"被试在社会孤独得分上显著低于控制组 1($p<0.05$)和控制组 2($p<0.05$);其他未见显著差异。

3.4 讨 论

从大学生被试的性别差异上看,通过亲子依恋安全记忆激活对大学生孤独感的影响是显著的。在本研究的问卷调查中,感情和社会孤独均未见显著的性别差异,但在记忆激活实验中,来自父亲的依恋安全记忆激活使得男性大学生的社会孤独得分显著低于女性大学生,显示了在男性(而不是女性)大学生的社会孤独体验上,较多受到来自父亲的影响。这个结果与国外研究中(Kerns *et al*,1996;de Minzi,2006)针对儿童、青少年的研究结果是一致的,在他们的研究中发现,父亲对子女(特别是男孩)因缺乏普遍的社会接纳而产生的社会孤独影响较大;但在他们的研究中同时也发现,母亲对子女因缺乏亲密关系而产生的感情孤独影响较大,而本研究中未见来自母亲的依恋安全记忆激活对大学生感情孤独的显著影响。

从父亲和母亲的角度上看,在针对男性大学生社会孤独的分析中发现,虽然来自母亲的依恋安全记忆激活对男性大学生的社会孤独也具有一定的影响,但父亲的作用仍然是主要的。这个结果与 Rice 等人(1997)研究中的性别差异分析是一致的,在他们的研究中发现,青少年同父亲(而不是母亲)的依恋关系能够更好地预测他们的社会自我效能(social self-efficacy)与社会适应,特别是对于男性青少年而言尤其如此。

从"性别关系"上看,本研究发现,与控制组1(非人际关系愉快体验记忆激活组)和控制组2(一般对照组)比较,"同性(而不是异性)关系"的亲子依恋安全记忆激活显著降低了被试的社会孤独水平。这个结果与研究假设中所包含的"性别关系效应"是一致的。但研究同时也显示,在对社会孤独的影响上,"同性亲子"与"异性亲子"之间的记忆激活效应差异并不显著。另外,本研究未见亲子依恋安全记忆激活对大学生感情孤独的显著影响,可能的原因是,一方面,在大学生的亲密交往(主要是异性亲密交往)中具有较多的不确定因素,因而表现出更多的偶然性和波动性,不容易体现出亲子依恋安全记忆激活效应;另一方面,感情孤独是更为具体的亲密关系体验(Rotenberg et al,2004),因此更直接地受到具体关系的影响,而不容易因为亲子依恋"安全基地"的激活而发生改变。

4 小 结

在本研究中通过相关研究和实验研究方法考察了亲子依恋对大学生感情和社会孤独影响的性别差异问题,结果显示:

(1)从父母的角度看,来自父亲(而不是母亲)的依恋安全性对大学生的感情和社会孤独具有显著的预测作用;大学生与父亲(而不是母亲)的依恋安全性越高,意味着他们所体验的感情和社会孤独越少。

(2)从不同性别关系的亲子依恋表征上看,同性(而不是异性)关系的亲子依恋安全性对大学生的感情和社会孤独有显著的预测作用;显示同性关系的亲子依恋安全性越高,大学生所体验的感情和社会孤独越少。

(3)对男性大学生而言,来自父亲(而不是母亲)的依恋安全性能够显著预测他们的感情和社会孤独。对女性大学生而言,"性别关系"效应明显:来自父亲(而不是母亲)的安全型依恋模式越明显,则意味着女性大学生的感情孤独体验越少;来自母亲(而不是父亲)的安全型依恋模式越明显,则意味着女性大学生的社会孤独体验越少。

(4)在总体的亲子依恋安全记忆激活效应上,"性别关系"效应得到部分的体现:"同性关系"的亲子依恋安全记忆激活显著降低了被试的社会孤独感;但在感情孤独水平上,亲子依恋记忆激活效应不显著。

(5)以男性大学生为分析对象时发现,来自父亲的依恋安全记忆激活能够显著降低男性大学生的社会孤独水平。以女性大学生为分析对象时,没有发现显著的记忆激活效应。

第七章 综合讨论与结论

1 综合讨论

本论文考察了亲子依恋对大学生人际关系表征影响的性别差异问题,研究结果中涉及的"性别关系"结构如图7－1所示。

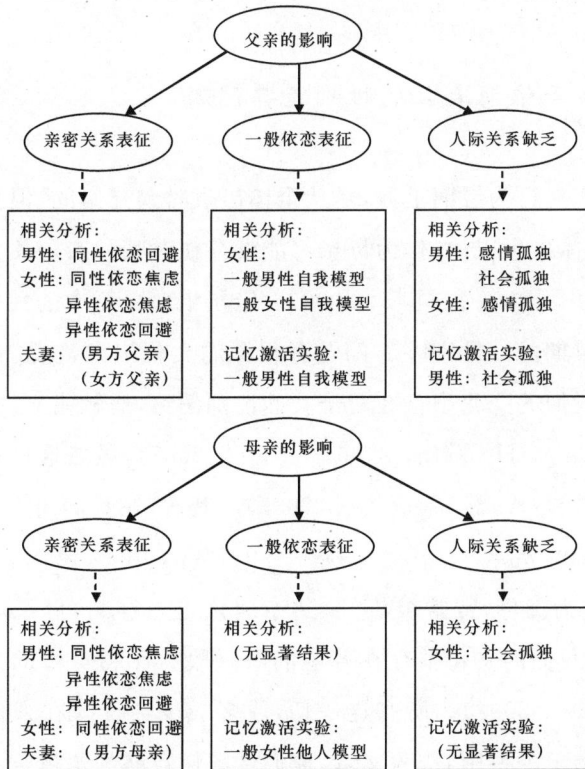

图7－1 研究结果涉及的"性别关系"结构

注:图中方框内为研究分析方法及统计显著的标准变量(或因变量),其中"黑体部分"为不符合"性别关系效应"假设的研究结果。"夫妻"一项"( )"内的部分表示夫妻中哪一方的父(母)对标准变量作用显著。

研究以依恋理论为基础,在对大学生亲子依恋表征性别差异进行分析的基础之上,重点考察了亲子依恋对大学生人际关系表征影响的性别差异问题。在对性别差异进行考察时,本研究的基本构思是:在不同关系对象的依恋表征上,如亲子关系、同伴关系、婚恋关系乃至一般依恋表征等,均包含着"性别关系"的成分在内。在此基础上的性别差异分析在相当程度上验证了亲子依恋对大学生人际关系表征影响的"性别关系效应"假设。通过"性别关系效应"假设可以将比较复杂和零散的性别差异分析结果相互联系起来,从而有助于更深入地理解不同依恋关系之间存在的相似性或内部一致性问题。

1.1 亲子依恋表征的性别差异问题

亲子依恋从行为层面上看,是从个体出生时候开始的,但从心理层面上看,早在个体出生以前,作为母亲可能就存在对某种亲子关系模式的预期(Ainsworth,1989;李同归,2006)。亲子依恋关系中的性别差异也是根植于童年早期的。性别差异问题有很深的文化根源,主要包含三个方面:首先,在我们的文化中存在对子女的性别偏见,比较明显的是"重男轻女"的现象(Ding,Hesketh,2006;吕红平,2007),虽然这种现象本身有很大的文化差异(Andersson *et al*,2007)。其次,在我们的文化中存在对父母角色期待的差异(叶子,庞丽娟,1999;Tu,Liao,2005;Gaertner *et al*,2007),作为父母,常常被告知,父亲应该是怎样的,母亲应该是怎样的。再次,在我们的文化中存在普遍的对一般男性和女性的性别角色期待差异(Crozier,2002)。所有这一切,或多或少会反映在人们的日常交往中。而在亲子关系中,作为父母,他们试图使自己的角色符合社会的期望,而在子女的养育方式上,也会打上性别角色期待的烙印。

但是,在亲子关系的发展过程中,问题远没有那么简单。当我们从性别关系上来分析这种复杂性的时候,需要同时考虑到以下几点:首先,亲子依恋是一种具有明确对象的依恋关系,"亲子"这个概念只是一种方便的称呼,就任何一个个体而言,如果是男性,那么他的亲子关系就是很明确的"父子"和"母子"关系;如果是女性,那么她的亲子关系就是很明确的"父女"和"母女"关系。其次,在子女成长过程中,身体与心理两方面都要经历重要的变化,并因此对亲子关系造成影响,使本来就存在的性别差异问题变得更复杂,很多研究难以获得一致的结论(孔海燕,2001;Buist *et al*,2002;吴念阳,张东昀,2004)。最后必须考虑的是,依恋行为与依恋关系表征存在差异,在婴儿期观察到的是依恋行为,通过问卷或访谈得到的是依恋关系表征,虽然二者存在相当的一致性(Hazan,Shaver,1987;Imamoglu,Imamoglu,2006),但显然不同的是,当依恋行为不再继续的时候,依恋表征却继续存在并产生影响(Ainsworth,1989;周春燕,黄希庭,2004)。

本研究针对大学生群体的亲子依恋表征进行考察,结果发现,性别差异主要表现在"父亲"和"男性大学生"这两个方面:从"父亲"的角度看,"父女"依恋安全性显著高于"父子";从"男性大学生"的角度看,"母子"依恋安全性显著高于"父子"。这种"异性关系"的亲子依恋安全性偏高的趋势,也许可以从精神分析理论中的"恋母情结"上得到一些解释,比如有研究(Datan,1988)认为,男孩的"恋母情结"不仅表现在无意识层面,同时也可能表现在意识层面,因而在问卷测量上也有所体现。

从大学生的年龄构成上看,他们已经度过青春期,开始进入成人时期;从他们与父母的关系上看,由于大多数学生离开家庭进入大学集体生活,亲子之间的具体依恋行为在很大程度上不再继续,这种变化有可能使大学生有机会对亲子关系进行一定程度的反思,并有助于形成一种比较稳定的亲子关系表征,因而有别于青少年时期。比如国外有研究发现,在青少年时期,亲子之间的同性依恋关系(如父子、母女关系)比异性依恋关系(如父女、母子关系)的质量要高一些(Larson *et al*,1996;Buist *et al*,2002),这个结果很可能同青少年时期个体的自我认同发展有关,因而更倾向于和"同性关系"的父(母)交流,特别是女孩与母亲的关系显得尤其亲密(Moretti,Higgins,1999;Sorokou,Weissbrod,2005)。但是一旦子女离开父母进入大学生活,他们的日常交流对象发生了显著的改变,势必引起亲子依恋表征的某些变化。在本研究中发现,这种改变则是明显的。

1.2 亲子依恋表征与大学生其他人际关系表征的内在一致性

对大学生人际关系表征进行考察的时候,虽然可以从关系表征的抽象程度上区分为亲密关系表征和一般关系表征,但无论是哪一种亲密关系类型,均可以从"性别关系"上作出区分,或为"同性关系",或为"异性关系"。本论文从整体构思上看,也正是从"性别关系"上去考察亲子依恋与大学生其他人际关系表征的内在一致性问题。

从亲密关系上看,在大学生群体中,既存在同性亲密关系,也存在异性亲密关系。在同性亲密关系方面,以往的研究常常把它纳入同伴关系中进行考察,但没有区分同性或者异性同伴关系(Parker,Asher,1987;Wentzel,Watkins,2002),而在另一些研究中则将同伴关系区分为同性同伴(same-sex peer)关系和异性同伴(opposite-sex peer)关系两种不同的关系模式(Sippola *et al*,2007)。在依恋关系研究领域,以往针对大学生群体的研究主要考察的是异性亲密关系,而较少涉及到同性之间的亲密关系问题,可能的原因是,异性亲密关系是大学生比较敏感且不太容易把握的一种人际关系形态,由此产生的心理问题也比较多见(陈华等人,2004;Campbell *et al*,2005;Doumas *et al*,2008),因而更受到研究者的重视。

本研究对大学生的同性和异性亲密关系表征分别进行了考察,在这种"同性"和"异性"的对比研究中,考察的是大学生在"同性"和"异性"亲密关系中不限定具体关系对象的最"一般的体验"。无论是"同性"还是"异性"亲密关系表征,均由"依恋焦虑"和"依恋回避"两个维度构成。"依恋焦虑"倾向意味着自身获得对方友谊(或爱情)的愿望比较强烈,同时又害怕被对方抛弃或拒绝;"依恋回避"意味着对亲近行为的厌烦情绪和回避倾向,因此在交往关系中独立而不依赖他人(Wei et al,2005)。如果将依恋焦虑和回避与个体的自我和他人模型进行比较,也可以认为"依恋焦虑"倾向意味着个体在亲密交往中比较缺乏自信和自我价值感,而"依恋回避"倾向则意味着对交往对象不能充分信赖、倾向于否定对方的价值(李同归,加藤和生,2006)。

本研究结果发现,在"依恋焦虑"维度上,显示了来自"异性(而不是同性)关系"亲子依恋表征的显著预测作用,在"异性关系"的亲子依恋中,父亲对女儿(或者母亲对儿子)的态度越不明确、越不友好、越多控制,则子女在其他的亲密人际关系中越缺乏自信,越不能认可自我价值,进而体验到更多的焦虑和不安。这个结果提示,亲子依恋表征对大学生亲密关系"依恋焦虑"的影响偏重于大学生与"异性"父(母)的依恋关系。

另外,在亲子依恋对大学生"一般依恋表征"的影响上也发现,女性大学生的"一般依恋表征"受到来自父亲(而不是母亲)的依恋安全性影响,女性大学生与父亲的依恋安全性越高,她们越能够认可自我价值,在一般交往中显得越自信。在李同归等人(2006)的研究中发现,亲子之间存在不安全依恋模式可能导致个体更早和更强烈的异性交往倾向,以寻求来自家庭以外的情感安慰和支持。虽然研究者没有对这个结果作进一步的性别差异分析,但是否可以推测:因为子女对"异性父(母)"怀有更深的期待,一旦这种期待不能实现的时候,便倾向于在其他异性关系中获得补偿呢?在亲子依恋对大学生亲密关系"依恋焦虑"的预测作用上,本研究结果显示了对"异性"亲子关系的偏重,因此可能是因为子女对"异性父

（母）"怀有更深的期待，而一旦发现这种期待无法实现的时候，便更容易产生对"自我价值"的否定，进而将这种自我表征迁移到新的亲密关系中去，以寻求补偿。不过这种推测尚缺乏依恋理论的支持，因而有待进一步的深入研究。

在"依恋回避"维度上，显示来自"同性（而不是异性）关系"的亲子依恋表征对大学生同性亲密关系的显著预测作用，"异性（而不是同性）关系"的亲子依恋表征对大学生异性亲密关系的显著预测作用。这个结果与本研究提出的"性别关系效应"假设非常符合，同时在本研究针对夫妻被试的问卷调查中，研究假设也得到了很好的验证。研究发现，对婚恋关系焦虑和回避倾向具有显著影响的两个方面主要来自"异性关系"的亲子依恋表征（男方与母亲和女方与父亲的依恋表征）。

综上所述，亲子依恋作为个体成长过程中一种极为重要的人际关系，为个体今后建立新的人际关系提供了一个基本的框架或模型（Ainsworth，1989；Conger et al，2000），但从亲子依恋本身来看，却不是一个单一的模式，因为个体同时存在两种亲子依恋模式，一种是与父亲的依恋模式，另一种是与母亲的依恋模式，而且两种模式之间存在显著差异（Cox et al，1992；Sorokou，Weissbrod，2005），因此，如果说亲子依恋与个体其他人际关系表征之间存在某种相似性和一致性，那么这种相似性和一致性的表现是多方面的。最初的研究者主要是从"依恋关系"的一般特征出发来揭示这种相似性的（Hazan，Shaver，1987；Bartholomew，Horowitz，1991），比如亲子依恋和婚恋依恋关系中的"亲近需求"和"分离痛苦"等相似的情感体验。随着研究的深入，研究者越来越多地关注到不同依恋表征之间的性别差异问题（Hunter，Youniss，1982；Cox et al，1992；Gaertner et al，2007），而这种趋势从一定程度上淡化了不同依恋表征之间的相似性问题。本研究从人际交往中的"性别关系"出发进行性别差异分析，使问题重新回到了不同依恋表征之间的内在一致性上面。

1.3 亲子依恋记忆激活的"性别关系效应"

依恋关系对于个体的重要性表现在它为个体提供了一个"安全基地"（Ainsworth，1989；Mikulincer，Florian，2001），而良好的依恋关系记忆激活在一定程度上也具有"安全基地"的作用，如减轻焦虑（Mikulincer *et al*，2003），降低应激水平（McGowan，2002），提高探索意识（Green J D，Campbell，2000）等。有研究者（周爱保等人，2005）认为，每个人都具有安全依恋经验，而通过真实或想象的情境能够激活人们的依恋安全性，唤醒人们类似的记忆。

在本论文中，我们假设亲子依恋对大学生人际关系表征的影响存在"性别关系效应"，那么通过依恋关系的记忆激活也应该能够体现这种"性别关系效应"。研究结果显示，在亲子依恋安全记忆对大学生一般依恋表征的激活效应上，来自父亲（而不是母亲）的依恋安全记忆激活显著提高了大学生对"一般男性"的依恋表征，而来自母亲（而不是父亲）的依恋安全记忆激活显著提高了大学生对"一般女性"的依恋表征。虽然有研究者试图从积极情绪和好的心境（Kumashiro，Sedikides，2005）等方面来解释依恋记忆激活效应，但针对本研究结果中表现出的"性别关系"效应却难以从积极情绪和好的心境上去解释。因为来自父亲和母亲的安全依恋记忆激活所伴随着积极情绪体验本身不涉及性别差异问题（Sedikides，2005），但在激活效应上，却产生了对"一般男性"和"一般女性"依恋表征的不同效应。另外，本研究结果中表现的"性别关系效应"仅仅从"安全基地"的作用上也难以得到有力的解释，因为"安全基地"本身也并不涉及性别差异问题。更可能的解释是，从亲子依恋表征到一般依恋表征，经历了从具体依恋对象到一般依恋对象的泛化过程（Hazan，Shaver，1987；Bartholomew，Horowitz，1991），在这个从具体到抽象的泛化过程中即存在"性别关系"的延续性问题，子女对父母的表征被投射到了对一般男性或女性的依恋表征上。

为进一步对"性别关系效应"假设进行检验,本研究在考察了亲子依恋对大学生一般依恋表征的记忆激活效应之外,同时也对大学生感情和社会孤独的记忆激活效应进行了考察。孤独体验通常被认为是缺乏良好人际关系的表现(Takahashi,2005),并可以区分为感情孤独和社会孤独两类,感情孤独常常被认为是缺乏亲密关系的表现,对于成人而言特别是缺乏异性之间亲密关系的表现,而社会孤独常常与同伴关系或友谊有关(Russell *et al*,1984;Gaertner *et al*,1999;Dykstra,deJong—Gierveld,2004)。虽然以往研究中较多针对亲子依恋对孤独感的影响(Anderson *et al*,1994;Kerns *et al*,1996;邓丽芳等人,2006;de Minzi,2006),但从"性别关系"出发的研究并不多见。如果在亲子依恋对大学生人际关系表征(包括亲密关系表征和一般依恋表征)的影响上存在"性别关系效应",那么在人际关系的缺乏(孤独感)上应该有类似的表现。本研究同时采用了相关和记忆激活的研究方法,结果发现,对男性大学生而言,相关研究显示了来自父亲(而不是母亲)的依恋安全性能够显著预测男性大学生的感情和社会孤独水平,记忆激活实验则显示来自父母(特别是父亲)的依恋安全记忆激活显著降低了男性大学生的社会孤独水平,但对感情孤独没有显著影响。在女性大学生而言,相关研究显示了来自父亲的依恋安全性能够显著预测女性大学生的感情孤独,来自母亲的依恋安全性能够显著预测她们的社会孤独,但在记忆激活实验中没有发现来自父母的依恋安全记忆激活对女性大学生感情和社会孤独的显著影响。从这个结果来看,亲子依恋对大学生感情和社会孤独的影响存在比较复杂的性别差异问题,虽然从结果上体现了一定的"性别关系效应",但同时也有不一致的表现。可能的原因是,在影响个体孤独体验的诸多因素中,除了人际关系表征之外,其他如社会关系、对社会支持的评价、人格因素以及自尊等因素也均对个体的孤独体验产生重要影响(Vaux,1988;Larose *et al*,2002;Al—Yagon,Mikulincer,2004;Wei *et al*,2005),因此使得性别差异问题变得更复杂。

2 研究特色

首先,本研究在理论上有所创新。在依恋研究领域,本研究第一次提出了"性别关系效应"假设,以此沟通了不同关系对象依恋表征之间的内在联系,从而为深入理解亲子依恋对其他人际关系表征影响的性别差异问题提供了一个新的思路和分析模型,有助于依恋理论的进一步丰富和完善。

其次,在内容上有所扩展。本研究首次将一般依恋表征区分为"一般男性"和"一般女性",突破了以往研究中对一般依恋表征测量上的性别关系不确定性,从而使依恋表征之间的性别差异分析变得明确而具体。

再次,在研究方法上有一定的突破。本研究通过安全依恋记忆激活的实验方法考察了亲子依恋对大学生人际关系表征影响的性别差异问题,第一次针对不同依恋对象的记忆激活效应进行了对比分析,对进一步的深入研究具有一定的借鉴作用。

3 研究结论

本研究的主要结论为:

(1)在大学生的亲子依恋表征上,分别来自父亲和母亲的依恋安全性为弱相关,这个结果同以往的研究相一致,显示了在个体成长过程中同时存在"父子依恋"和"母子依恋"两种不同的依恋关系模式。

(2)在亲子依恋表征的性别差异上,总体上的趋势是:"异性关系"的亲子依恋安全性显著高于"同性关系"。结果显示,与儿童、青少年时期的亲子依恋性别差异进行比较,大学生群体在亲子依恋上的性别差异具有非常不同的表现。

(3)在亲子依恋表征对大学生亲密关系的影响上,"异性关系"的亲子依恋表征对大学生亲密关系(包括同性和异性关系)中的"依恋焦虑"倾向有显著的预测作用,显示子女在亲密关系中的自我价值认可程度上,来自"异性"父母的影响比"同性"父母影响更大。

(4)在大学生亲密关系(包括同性和异性关系)的"依恋回避"倾向上,研究结果显示了"亲子依恋"和"亲密关系"两者之间的"性别关系"一致性:"同性关系"的亲子依恋安全性越低,则意味着在"同性关系"的朋友交往中回避倾向越明显;"异性关系"的亲子依恋安全性越低,则意味着在"异性关系"的亲密交往中回避倾向越明显。结果显示了大学生在亲密交往关系中对待"亲近行为"和"相互依赖"的态度上,相同"性别关系"的依恋模式之间具有相当的一致性。

(5)亲子依恋安全记忆对大学生一般依恋表征的激活效应显著,来自父亲(而不是母亲)的依恋安全记忆激活能够显著提高大学生对"一般男性"的依恋表征,而来自母亲(而不是父亲)的依恋安全记忆激活能够显著提高大学生对"一般女性"的依恋表征。显示了亲子依恋对大学生一般依恋表征影响上的"性别关系效应"。

(6)在亲子依恋表征和记忆激活对大学生感情和社会孤独的影响上,结果显示了亲子依恋对大学生感情和社会孤独影响上比较复杂的性别差异,在一定程度上体现了"性别关系"的一致性,即来自"同性关系"的亲子依恋更多影响到大学生的"社会孤独",而来自"异性关系"的亲子依恋更多影响到大学生的"感情孤独"。

4 问题与展望

首先,在被试样本的选取上,有待进一步扩大。本研究主要是针对大学生群体进行考察,被试均为来自武汉地区高校的大学生,研究结论是否适合中国大学生的普遍情况,尚需要跨地区的样本支持。另一方面,从被试年龄和身份构成上看,大学生被试毕竟是一个特殊的群体,本研究提出的"性别关系"一致性假设尚需要在中学生和社会从业人员等更广泛的被试群体中加以比较、验证。

其次,在亲子依恋对大学生其他人际关系表征的影响上,考虑的因素比较单一。显然,大学生的人际关系表征是受到多方面因素影响的,而早期的亲子依恋关系只是许多影响因素中的一个方面。如果仅仅从性别差异上进行分析,"性别角色化"的问题可能是需要考虑的一个重要因素。在本研究中,所有的"性别关系"均是建立在生理上的性别基础上的,而"性别角色化"则包含着社会文化的因素在内,因此在进一步的性别差异研究中,"性别角色化"问题是有待考察的。另外,在与大学生人际关系有关的问题中,本研究仅就感情和社会孤独这一个方面进行了考察,诸如人际信任、社会支持等方面的问题在本研究中均未涉及,这些方面是否存在性别差异,以及这种差异是否与早期的亲子依恋有关,均有待进一步的深入研究。

最后,在安全依恋记忆激活的实验设计中,本研究虽然对不同依恋对象的记忆激活效应进行了对比分析,但记忆激活的目标局限于考察"安全依恋记忆"的性别差异,而没有涉及到"不安全依恋记忆"的激活效应问题,而从理论上看,如果"安全依恋记忆"的激活具有某种"性别关系"效应,则"不安全依恋记忆"的激活应该具有类似的表现。从具体的实验研究方法上看,如果"安全依恋记忆"的激活具有某种"性别关系"效应,那么利用词语或图片启动的实验方法应该也能够得到类似的结果,因此从实验设计上看,本研究也存在一些不足之处,有待在进一步的研究中加以完善,从而使研究结论建立在更严密、更可靠的实验基础之上。

参 考 文 献

[1] 安芹.影响儿童依恋风格形成的家庭因素.中国临床心理学杂志，2001，9(4)：312－314

[2] 包克冰，徐琴美.中马两国青少年的父母和同伴依恋关系的比较研究.中国临床心理学杂志，2006，14(2)：172－174

[3] 陈华，朱晓彤，季建林.上海电话心理咨询常见问题 10 年分析.中国心理卫生杂志，2004，18(5)：318－320

[4] 邓红珠，邹小兵，唐春，李建英，岑超群，邹园园，鄢月华.187 例婴幼儿孤独症患儿对养育者的依恋特征.中国心理卫生杂志，2007，21(6)：370－372

[5] 邓丽芳，徐谦，郑日昌.大学生气质类型、父母养育方式与孤独感的关系研究.心理发展与教育，2006，3：53－59

[6] 侯珂，邹泓，蒋索.社会人格取向的成人依恋研究.心理科学进展，2005，13(5)：640－650

[7] 胡金生.依恋的发展病理和精神病理.中国心理卫生杂志，2003，17(5)：353－354

[8] 胡平，孟昭兰.城市婴儿依恋类型分析及判别函数的建立.心理学报，2003，35(2)：201－208

[9] 孔海燕.青少年亲子冲突的研究现状.心理科学，2004，27(3)：696－700

[10] 李菲茗，傅根耀.成人依恋问卷(AAQ3.1)的初步试用.中国临床心理学杂志，2001，190－192

[11] 李同归,加藤和生.成人依恋的测量:亲密关系经历量表(ECR)中文版.心理学报,2006,38(3):399-406

[12] 李同归,王新暖,郭晓飞.初中生的依恋类型与异性交往行为.中国行为医学科学,2006,15(7):644-646

[13] 李同归.母亲的依恋类型与教养方式的相关性研究.中国行为医学科学,2006,15(2):149-150

[14] 李晓东,聂尤彦,林崇德.初中二年级学生学习困难、人际关系、自我接纳对心理健康的影响.心理发展与教育,2002,2:68-73

[15] 梁兰芝,陈会昌,陈欣银.两岁儿童对母亲的依恋类型.心理科学,2000,23(3):324-328

[16] 刘平.感情与社会孤独量表.见:汪向东,王希林,马弘编.心理卫生评定量表手册.北京:中国心理卫生杂志社,1999,299-301

[17] 刘欣.大学生社交失败归因与心理健康研究.中国临床心理学杂志,2004,12(2):169-170

[18] 卢勤,苏彦捷.对Bem性别角色量表的考察与修订.中国心理卫生杂志,2003,17(8):550-553

[19] 骆光林,阮俊华,楼成礼等.大学生孤独心理的调查与分析.浙江大学学报(理学版),1999,7:113

[20] 吕红平.性别文化建设与两性和谐发展.河北大学学报(哲学社会科学版),2007,32(1):1-4

[21] 石伟,张进辅,黄希庭.初中生亲子关系特性的研究.心理与行为研究,2004,2(1):328-332

[22] 宋丽娟,张大均.农村初中生异性交往心理问题及年级差异.中国心理卫生杂志,2005,19(2):120-122

[23] 田可新,唐茂芹,吴昊,李雪静,王秀梅.大学生人际信任与心理健康的相关研究.中国行为医学科学,2005,14(7):657-659

[24] 王道阳,张更立,姚本先.大学生性别角色观的差异.心理学报,

2005，37(5)：658－664

[25] 王军.工科院校大学生人际交往能力及其归因特点的研究.心理科学，2003，26(4)：743－744

[26] 王欣，Marsella A J.不同种族大学生心理调适能力的跨国比较研究.中国心理卫生杂志，1999，13(1)：36－38

[27] 王争艳，刘迎泽，杨叶.依恋内部工作模型的研究概述及探讨.心理科学进展，2005，13(5)：629－639

[28] 吴念阳，张东昀.青少年亲子关系与心理健康的相关研究.心理科学，2004，27(4)：812－816

[29] 吴薇莉，张伟，刘协和.成人依恋量表(AAS－1996 修订版)在中国的信度和效度.四川大学学报(医学版)，2004，35(4)：536－538

[30] 席盾，张凤铸.非智力因素与学业成绩的相关研究.中国心理卫生杂志，1999，13(6)：352

[31] 肖君政，江光荣.成人依恋理论的研究.中国行为医学科学，2006，15(9)：859－860

[32] 徐浙宁，包水娟，郑惟庄.上海市学龄儿童行为问题与亲子关系相关研究.心理科学，2004，27(2)：404－406

[33] 叶子，庞丽娟.论儿童亲子关系、同伴关系和师生关系的相互关系.心理发展与教育，1999，4：50－53

[34] 于海琴，周宗奎.小学高年级儿童亲子依恋的发展及其与同伴交往的关系.心理发展与教育，2002，4：36－40

[35] 于海琴，周宗奎.儿童的两种亲密人际关系：亲子依恋与友谊.心理科学，2004，27(1)：143－144

[36] 岳东梅.父母养育方式评价量表.见：中国行为医学科学编辑委员会编.行为医学量表手册.北京：中华医学音像出版社，2005.444－446

[37] 郑淑杰，陈会昌.儿童社会退缩行为影响因素的追踪研究.心理科

学，2005，28(4)：833－836

[38] 周爱保，李梅，李同归.成人依恋背景中图片对安全基模的情感启动.心理科学，2005，28(1)：85－88

[39] 周春燕，黄希庭.成人依恋表征与婚恋依恋.心理科学进展，2004，12(2)：215－222

[40] Ainsworth M D S. Attachments beyond infancy. American Psychologist，1989，44(4)：709－716

[41] Allen J P，Moore C，Kuperminc G，Bell K. Attachment and adolescent psychosocial functioning. Child Development，1998，69：1406－1419

[42] Al－Yagon M，Mikulincer M. Socioemotional and academic adjustment among children with learning disorders：the mediational role of attachment－based factors. The Journal of Special Education，2004，38(2)：111－123

[43] Anderson C A，Sedikides C. Thinking about people：contributions of a typological alternative to associationistic and dimensional models of person perception. Journal of Personality and Social Psychology，1991，60(2)：203－217

[44] Anderson C A，Miller R S，Riger A L，Dill J C，Sedikides C. Behavioral and characterological attributional styles as predictors of depression and loneliness：review，refinement，and test. Journal of Personality and Social Psychology，1994，66(3)：549－558

[45] Andersson G，Hank K，Vikat A. Understanding parental gender preferences in advanced societies：Lessons from Sweden and Finland. Demographic Research，2007，17(6)：135－156

[46] Banai E，Weller A，Mikulincer M. Inter－judge agreement in evaluation of adult attachment style：the impact of acquaintanceship.

The British Journal of Social Psychology, 1998, 37: 95—109

[47] Banai E, Mikulincer M, Shaver P R. "Selfobject" needs in Kohut's self psychology: links with attachment, self — cohesion, affect regulation, and adjustment. Psychoanalytic Psychology, 2005, 22 (2): 224—260

[48] Barry C M, Wentzel K R. Friend influence on prosocial behavior: the role of motivational factors and friendship characteristics. Developmental Psychology, 2006, 42(1): 153—163

[49] Bartholomew K, Horowitz L M. Attachment styles among young adults: a test of a four—category model. Journal of Personality and Social Psychology, 1991, 61(2): 226—244

[50] Birnbaum G E, Reis H T, Mikulincer M, Gillath O, Orpaz A. When sex is more than just sex: attachment orientations, sexual experience, and relationship quality. Journal of Personality and Social Psychology, 2006, 91(5): 929—943

[51] Bogaerts S, Vanheule S, Desmet M. Feelings of subjective emotional loneliness: an exploration of attachment. Social Behavior and Personality, 2006, 34(7): 797—812

[52] Brendgen M, Vitaro F, Doyle A B, Markiewicz D, Bukowski W M. Same—sex peer relations and romantic relationships during early adolescence: interactive links to emotional, behavioral, and academic adjustment. Merrill—Palmer Quarterly, 2002, 48(1): 77—103

[53] Broemer P, Blumle M. Self—views in close relationships: the influence of attachment styles. The British Journal of Social Psychology, 2003, 42: 445—460

[54] Buchholz E S, Catton R. Adolescents' perceptions of aloneness and

loneliness. Adolescence, 1999, 34: 203—213

[55] Buist K, Dekovic M, Meeus W, Aken M. Developmental patterns in adolescent attachment to mother, father, and sibling. Journal of Youth and Adolescence, 2002, 31(3): 167—176

[56] Caldwell M A, Peplau L A. Sex differences in same—sex friendship. Sex Roles: A Journal of Research, 1982, 8(7): 721—732

[57] Campbell W K, Sedikides C, Reeder G D, Elliot A J. Among friends? An examination of friendship and the self—serving bias. The British Journal of Social Psychology, 2000, 39: 229—239

[58] Campbell L, Simpson J A, Boldry J, Kashy D A. Perceptions of conflict and support in romantic relationships: the role of attachment anxiety. Journal of Personality and Social Psychology, 2005, 88(3): 510—531

[59] Carter S D. Reexamining the temporal aspects of affect: relationships between repeatedly measured affective state, subjective well—being, and affective disposition. Personality and Individual Differences, 2004, 36: 381—391

[60] Cash T F, Theriault J, Annis N M. Body image in an interpersonal context: adult attachment, fear of intimacy, and social anxiety. Journal of Social and Clinical Psychology, 2004, 23(1): 89—103

[61] Cassidy J. Adult romantic attachments. Review of General Psychology, 2000, 4(2): 111—131

[62] Cohen S, Wills T A. Stress, social support, and the buffering hypothesis. Psychological Bulletin, 1985, 98(2): 310—357

[63] Collins N L, Read S J. Adult attachment, working models, and relationship quality in dating couples. Journal of Personality and Social Psychology, 1990, 58(4): 644—663

[64] Collins N L. Working models of attachment: implications for explanation, emotion, and behavior. Journal of Personality and Social Psychology, 1996, 71(4): 810—832

[65] Conger R D, Cui M, Bryant C M, Elder Jr G H. Competence in early adult romantic relationships. Journal of Personality and Social Psychology, 2000, 79(2): 224—237

[66] Cooper H, Okamura L, McNeil P. Situation and personality correlates of psychological well—being: social activity and personal control. Journal of Research in Personality, 1995, 29: 395—417

[67] Cox M J, Owen M T, Henderson V K. Prediction of infant—father and infant—mother attachment. Developmental Psychology, 1992, 28(3): 474—483

[68] Crawford T C, Shaver P R, Cohen P, Pilkonis P A, Gillath O, Kasen S. Self—reported attachment, interpersonal aggression, and personality disorder in a prospective community sample of adolescents and adults. Journal of Personality Disorders, 2006, 20(4): 331—351

[69] Crozier W R. Shyness. Psychologist, 2002, 15(9): 460—463

[70] Dalton Ⅲ W T, Frick—Horbury D, Kitzmann K M. Young adults' retrospective reports of parenting by mothers and fathers: Associations with current relationship Quality. The Journal of General Psychology, 2006, 133(1): 5—18

[71] Datan N. The Oedipus cycle: developmental mythology, Greek tragedy, and the sociology of knowledge. International Journal of Aging and Human Development, 1988, 27(1): 1—10

[72] de Minzi M C R. Loneliness and depression in middle and late childhood: the relationship to attachment and parental styles. The

Journal of Genetic Psychology, 2006, 167(2): 189—210

[73] Ding Q J, Hesketh T. Family size, fertility preferences, and sex ratio in China in the era of the one child family policy: results from national family planning and reproductive health survey. British Medical Journal, 2006, 333(7564): 371—373

[74] DiTommaso E, Spinner B. Social and emotional loneliness: a reexamination of Weiss' typology of loneliness. Personality and Individual Differences, 1997, 22: 417—427

[75] Donnellan M B, Larsen—Rife D, Conger R D. Personality, family history, and competence in early adult romantic relationships. Journal of Personality and Social Psychology, 2005, 88(3): 562—576

[76] Doumas D L, Pearson C L, Elgin J E, McKinley L L. Adult attachment as a risk factor for intimate partner violence: the "mispairing" of partners' attachment styles. Journal of Interpersonal Violence, 23(5): 616—634

[77] Ducharme J, Doyle A B, Markievicz D. Attachment security with mother and father: association with adolescents' reports of interpersonal behavior with parents and peers. Journal of Social and Personal Relationships, 2002, 19: 203—231

[78] Dykstra P A, deJong—Gierveld J. Gender and marital—history differences in emotional and social loneliness among Dutch older adults. Canadian Journal on Aging, 2004, 23(2): 141—155

[79] Eng W, Heimberg R G, Hart T A, Schneier F R, Liebowitz M R. Attachment in individuals with social anxiety disorder: the relationship among adult attachment styles, social anxiety, and depression. Emotion, 2001, 1(4): 365—380

[80] Engel G, Olson K R, Patrick C. The personality of love: fundamental motives and traits related to components of love. Personality and Individual Differences, 2002, 32: 839—853

[81] Feeney J A, Noller P. Attachment style as a predictor of adult romantic relationships. Journal of Personality and Social Psychology, 1990, 58(2): 281—291

[82] Fiqueiredo B, Costa R, Pacheco A, Pais A. Mother—to—infant and father—to—infant initial emotional involvement. Early Child Development and Care, 2007, 177(5): 521—532

[83] Florian V, Mikulincer M, Hirschberger G. The anxiety—buffering function of close relationships: evidence that relationship commitment acts as a terror management mechanism. Journal of Personality and Social Psychology, 2002, 82(4): 527—542

[84] Fraley R C, Shaver P R. Adult attachment and the suppression of unwanted thoughts. Journal of Personality and Social Psychology, 1997, 73(5): 1080—1091

[85] Fraley R C, Brumbaugh C C, Marks M J. The evolution and function of adult attachment: a comparative and phylogenetic analysis. Journal of Personality and Social Psychology, 2005, 89(5): 731—746

[86] Frey K, Hojjat M. Are love styles related to sexual styles? The Journal of Sex Research, 1998, 35(3): 265—271

[87] Furman W, Simon V A, Shaffer L, Bouchey H A. Adolescents' working models and styles for relationships with parents, friends, and romantic partners. Child Development, 2002, 73(1): 241—255

[88] Gaertner L, Sedikides C, Graetz K. In search of self—definition:

motivational primacy of the individual self, motivational primacy of the collective self, or contextual primacy? Journal of Personality and Social Psychology, 1999, 76(1): 5—18

[89] Gaertner B M, Spinrad T L, Eisenberg N, Greving K A. Parental childrearing attitudes as correlates of father involvement during infancy. Journal of Marriage and Family, 2007, 69(4): 962—976

[90] Gao G. Intimacy, passion, and commitment in Chinese and US American romantic relationships. International Journal of Intercultural Relations, 2001, 25: 329—342

[91] Griffin D W, Bartholomew K. The metaphysics of measurement: the case of adult attachment. In Bartholomew K, Perlman K (Eds.), Advances in personal relationships. London: Jessica Kingsley. 1994, Vol. 5, 17—52

[92] Gonzaga G C, Turner R A, Keltner D, Campos B, Altemus M. Romantic love and sexual desire in close relationships. Emotion, 2006, 6(2): 163—179

[93] Green J D, Campbell W K. Attachment and exploration in adults. Personality and Social Psychology Bulletin, 2000, 26: 452—461

[94] Green J D, Sedikides C, Saltzberg J A, Wood J V, Forzano L B. Happy mood decreases self—focused attention. British Journal of Social Psychology, 2003, 42: 147—157

[95] Hagerty B M, Williams R A, Oe H. Childhood antecedents of adult sense of belonging. Journal of Clinical Psychology, 2002, 58: 793—801

[96] Hannum J W, Dvorak D M. Effects of family conflict, divorce, and attachment patterns on the psychological distress and social adjustment of college freshmen. Journal of College Student Development,

2004, 45(1): 27—42

[97] Hart J, Shaver P R, Goldenberg J L. Attachment, self—esteem, worldviews, and terror management: evidence for a tripartite security system. Journal of Personality and Social Psychology, 2005, 88(6): 999—1013

[98] Hazan C, Shaver P. Romantic love conceptualized as an attachment process. Journal of Personality and Social Psychology, 1987, 52 (3): 511—524

[99] Hendrick C, Hendrick S. A theory and method of love. Journal of Personality and Social Psychology, 1986, 50(2): 392—402

[100] Hendrick S S, Hendrick C, Adler N L. Romantic relationships: love, satisfaction, and staying together. Journal of Personality and Social Psychology, 1988, 54(6): 980—988

[101] Hendrick S S. Close relationships research: a resource for couple and family therapists. Journal of Marital and Family Therapy, 2004, 30(1): 13—27

[102] Hughes M E, Waite L J, Hawkley L C, Cacioppo J T. A short scale for measuring loneliness in large surveys. Results from two population—based studies. Research on Aging, 2004, 26: 655—672

[103] Hunter F T, Youniss J. Changes in functions of three relations during adolescence. Developmental Psychology, 1982, 18(6): 806 —811

[104] Imamoglu S, Imamoglu E O. Relationship between general and context—specific attachment orientations in a Turkish Sample. The Journal of Social Psychology, 2006, 146(3): 261—274

[105] Kerns K A, Klepac L, Cole A. Peer relationships and preadoles-

cents' perceptions of security in the child—mother relationship. Developmental Psychology, 1996, 32(3): 457—466

[106] Kobak R, Sceery A. Attachment in late adolescence: working models, affect regulation, and representations of self and others. Child Development, 1988, 59: 135—146

[107] Kumashiro M, Sedikides C. Taking on board liability—focused information: close positive relationships as a self—bolstering resource. Psychological Science, 2005, 16(9): 732—739

[108] Larose S, Guay F, Boivin M. Attachment, social support and loneliness in young adulthood: a test of two models. Personality and Social Psychology Bulletin, 2002, 28: 684—693

[109] Larson R W, Richards M H, Moneta G, Holmbeck G, Duckett E. Changes in adolescents: daily interactions with their families from ages 10 to 18: disengagement and transformation. Developmental Psychology, 1996, 32(4): 744—754

[110] Lee S, Kushner J, Cho S. Effects of parent's gender, child's gender, and parental involvement on the academic achievement of adolescents in single parent families. Sex Roles, 2007, 56: 149—157

[111] Leondari A, Kiosseoglou G. The relationship of parental attachment and psychological separation to the psychological functioning of young adults. Journal of Social Psychology, 2000, 140: 451—464

[112] Li H Z, Zhang Z, Bhatt G, Yum Y. Rethinking culture and self—construal: China as a middle land. The Journal of Social Psychology, 2006, 146(5): 591—610

[113] Lieberman M, Doyle A, Markiewicz D. Developmental patterns in

security of attachment to mother and father in late childhood and early adolescence: Associations with peer relations. Child Development, 1999, 70(1): 202—213

[114] Linder J R, Collins W A. Parent and peer predictors of physical aggression and conflict management in romantic relationships in early adulthood. Journal of Family Psychology, 2005, 19(2): 252 —262

[115] Liu Y. Paternal/maternal attachment, peer support, social expectations of peer interaction, and depressive symptoms. Adolescence (San Diego): an international quarterly devoted to the physiological, psychological, psychiatric, sociological, and educational aspects of the second decade of human life, 2006, 41 (164): 705

[116] Malikiosi—Loizos M, Anderson L R. Accessible friendships, inclusive friendships, reciprocated friendships as related to social and emotional loneliness in Greece and the USA. European Psychologist, 1999, 4(3): 165—178

[117] Martin L L, Abend T, Sedikides C, Green J D. How would I feel if…? Mood as input to a role fulfillment evaluation process. Journal of Personality and Social Psychology, 1997, 73(2): 242—253

[118] Matsushima R, Shiomi K. The effect of hesitancy toward and the motivation for self—disclosure on loneliness among Japanese high school students. Social Behavior and Personality, 2001, 29(7): 661—670

[119] Matsuoka N, Uji M, Hiramura H, Chen Z, Shikai N, Kishida Y, Kitamura T. Adolescents' attachment style and early experiences: a gender difference. Archives of Women's Mental Health,

2006, 9: 23—29

[120] McGowan S. Mental representations in stressful situations: the calming and distressing effects of significant others. Journal of Experimental Social Psychology, 2002, 38: 152—161

[121] Mikulincer M, Florian V, Tlomacz R. Attachment styles and fear of personal death: a case study of affect regulation. Journal of Personality and Social Psychology, 1990, 58(2): 273—280

[122] Mikulincer M, Nachshon O. Attachment styles and patterns of self-disclosure. Journal of Personality and Social Psychology, 1991, 61(2): 321—331

[123] Mikulincer M. Attachment style and the mental representation of the self. Journal of Personality and Social Psychology, 1995, 69 (6): 1203—1215

[124] Mikulincer M, Orbach I. Attachment styles and repressive defensiveness: the accessibility and architecture of affective memories. Journal of Personality and Social Psychology, 1995, 68(5): 917 —925

[125] Mikulincer M. Adult attachment style and information processing: individual differences in curiosity and cognitive closure. Journal of Personality and Social Psychology, 1997, 72(5): 1217 — 1230

[126] Mikulincer M. Attachment working models and the sense of trust: an exploration of interaction goals and affect regulation. Journal of Personality and Social Psychology, 1998, 74(5): 1209 —1224

[127] Mikulincer M, Orbach I, Iavnieli D. Adult attachment style and affect regulation: strategic variations in subjective self — other

similarity. Journal of Personality and Social Psychology, 1998, 75
(2): 436—448

[128] Mikulincer M, Arad D. Attachment working models and cognitive
openness in close relationships: a test of chronic and temporary
accessibility effects. Journal of Personality and Social Psychology,
1999, 77(4): 710—725

[129] Mikulincer M, Florian V. The association between spouses' self
—reports of attachment styles and representations of family dy-
namics. Family Process, 1999, 38(1): 69—83

[130] Mikulincer M, Horesh N. Adult attachment style and the percep-
tion of others: the role of projective mechanisms. Journal of Per-
sonality and Social Psychology, 1999, 76(6): 1022—1034

[131] Mikulincer M, Birnbaum G, Woddis D, Nachmias O. Stress and
accessibility of proximity—related thoughts: exploring the norm-
ative and intraindividual components of attachment theory. Jour-
nal of Personality and Social Psychology, 2000, 78(3): 509—523

[132] Mikulincer M, Florian V. Exploring individual differences in reac-
tions to mortality salience: does attachment style regulate terror
management mechanisms? Journal of Personality and Social Psy-
chology, 2000, 79(2): 260—273

[133] Mikulincer M, Florian V. Attachment style and affect regulation:
Implications for coping with stress and mental health. In: Fletch-
er G J O, Clark M S, eds. Blackwell handbook of Social psychol-
ogy: Interpersonal processes. 2001, 537—557

[134] Mikulincer M, Gillath O, Halevy V, Avihou N, Avidan S, Esh-
koli N. Attachment theory and reactions to others' needs: evi-
dence that activation of the sense of attachment security promotes

empathic responses. Journal of Personality and Social Psychology, 2001, 81(6): 1205—1224

[135] Mikulincer M, Shaver P R. Attachment theory and intergroup bias: evidence that priming the secure base schema attenuates negative reactions to out—groups. Journal of Personality and Social Psychology, 2001, 81(1): 97—115

[136] Mikulincer M, Gillath O, Shaver P R. Activation of the attachment system in adulthood: threat—related primes increase the accessibility of mental representations of attachment figures. Journal of Personality and Social Psychology, 2002, 83(4): 881—895

[137] Mikulincer M, Florian V, Hirschberger G. The existential function of close relationships: introducing death into the science of love. Personality and Social Psychology Review, 2003, 7: 20—40

[138] Mikulincer M, Dolev T, Shaver P R. Attachment—related strategies during thought suppression: ironic rebounds and vulnerable self—representations. Journal of Personality and Social Psychology, 2004, 87(6): 940—956

[139] Mikulincer M, Shaver P R, Gillath O, Nitzberg R A. Attachment, caregiving, and altruism: boosting attachment security increases compassion and helping. Journal of Personality and Social Psychology, 2005, 89(5): 817—839

[140] Mikulincer M, Shaver P R. Attachment, group—related processes, and psychotherapy. International Journal of Group Psychotherapy, 2007, 57(2): 233—245

[141] Miller K E. Adolescents' same—sex and opposite—sex peer relations sex differences in popularity, perceived social competence, and social cognitive skills. Journal of Adolescent Research, 1990,

5(2): 222—241

[142] Monteoliva A, Garcia—Martinez J M A. Adult attachment style and its effect on the quality of romantic relationships in Spanish students. The Journal of Social Psychology, 2005, 145(6): 745—747

[143] Moretti M M, Higgins E T. Internal representations of others in self—regulation: a new look at a classic issue. Social Cognition, 1999, 17(2): 186—208

[144] Murray S L, Rose P, Holmes J, Derrick J, Podchaski E, Bellavia G, Griffin D. Putting the partner within reach: a dyadic perspective on felt security in close relationships. Journal of Personality and Social Psychology, 2005, 88(2): 327—347

[145] Noller P. Attachment insecurity as a filter in the decoding and encoding of nonverbal behavior in close relationships. Journal of Nonverbal Behavior, 2005, 29(3): 171—176

[146] Parker J G, Asher S R. Peer relations and later personal adjustment: are low—accepted children at risk? Psychological Bulletin, 1987, 102(3): 357—389

[147] Pemberton M, Sedikides C. When do individuals help close others improve? The role of information diagnosticity. Journal of Personality and Social Psychology, 2001, 81(2): 234—246

[148] Planalp S. The unacknowledged role of emotion in theories of close relationships: how do theories feel? Communication Theory, 2003, 13(1): 78—99

[149] Qualter P, Munn P. The separateness of social and emotional loneliness in childhood. Journal of Child Psychology and Psychiatry, 2002, 43: 233

[150] Rice K G, Cunningham T J, Young M B. Attachment to parents, social competence, and emotional well－being: a comparison of black and white late adolescents. Journal of Counseling Psychology, 1997, 44(1): 89－101

[151] Roberts R E L, Bengtson V L. Relationships with parents, self－esteem, and psychological well－being in young adulthood. Social Psychology Quarterly, 1993, 56(4): 263－277

[152] Rokach A. Loneliness then and now: reflections on social and e-motional alienation in everyday. Current Psychology, 2004, 23: 24－40

[153] Rom E, Mikulincer M. Attachment theory and group processes: the association between attachment style and group－related rep-resentations, goals, memories, and functioning. Journal of Personality and Social Psychology, 2003, 84(6): 1220－1235

[154] Rotenberg K J, MacDonald K J, King E V. The relationship be-tween loneliness and interpersonal trust during middle childhood. Journal of Genetic Psychology, 2004, 165: 233－249

[155] Russell D, Cutrona C E, Pose J, Yurko K. Social and emotional loneliness: an examination of Weiss's typology of loneliness. Journal of Personality and Social Psychology, 1984, 46: 1313－1321

[156] Samuolis J, Layburn K, Schiaffino K M. Identity development and attachment to parents in college students. Journal of Youth and Adolescence, 2001, 30(3): 373－384

[157] Sanders C R. Actions speak louder than words: close relationships between humans and nonhuman animals. Symbolic Interaction, 2003, 26(3): 405－426

[158] Schachner D A, Shaver P R, Mikulincer M. Patterns of nonverbal behavior and sensitivity in the context of attachment relationships. Journal of Nonverbal Behavior, 2005, 29(3): 141—169

[159] Sedikides C, Olsen N, Reis H T. Relationships as natural categories. Journal of Personality and Social Psychology, 1993, 64(1): 71—82

[160] Sedikides C, Campbell W K, Reeder G D. The self—serving bias in relational context. Journal of Personality and Social Psychology, 1998, 74(2): 378—386

[161] Sedikides C, Koole S L. In defense of the self. Social Cognition, 2004, 22(1): 1—3

[162] Sedikides C, Gaertner L, Vevea J L. Pancultural self—enhancement reloaded: a meta—analytic reply to Heine (2005). Journal of Personality and Social Psychology, 2005, 89(4): 539—551

[163] Sedikides C. Close relationships - what's in it for us? Psychologist, 2005, 18(8): 490—493

[164] Shah J. The motivational looking glass: how significant others implicitly affect goal appraisals. Journal of Personality and Social Psychology, 2003, 85(3): 424—439

[165] Sippola L K, Buchanan C M, Kehoe S. Correlates of false self in adolescent romantic relationships. Journal of Clinical Child and Adolescent Psychology, 2007, 36(4): 515—521

[166] Sorokou C F, Weissbrod C S. Men and women's attachment and contact patterns with parents during the first year of college. Journal of Youth and Adolescence, 2005, 34(3): 221—228

[167] Srivastava S, McGonigal K M, Richards J M, Butler E A, Gross J J. Optimism in close relationships: how seeing things in a posi-

tive light makes them so. Journal of Personality and Social Psychology, 2006, 91(1): 143—153

[168] Storksen I, Roysamb E, Moum T, Tambs K. Adolescents with a childhood experience of parental divorce: a longitudinal study of mental health and adjustment. Journal of Adolescence, 2005, 28: 725—739

[169] Takahashi K. Toward a life span theory of close relationships: the affective relationships model. Human development, 2005, 48: 48 —66

[170] Taubman—Ben—Ari O, Findler L, Mikulincer M. The effects of mortality salience on relationship strivings and beliefs: the moderating role of attachment style. The British Journal of Social Psychology, 2002, 41: 419—441

[171] Tesser A. On the confluence of self—esteem maintenance mechanisms. Personality and Social Psychology Review, 2000, 4: 290—299

[172] Tu S, Liao P. Gender differences in gender—role attitudes: a comparative analysis of Taiwan and Coastal China. Journal of Comparative Family Studies, 2005, 36(4): 545—566

[173] Vaux A. Social and emotional loneliness: the role of social and personal characteristics. Personality and Social Psychology Bulletin, 1988, 14(4): 722—734

[174] Verschueren K, Marcoen A. Representation of self and socioemotional competence in kindergartners: differential and combined effects of attachment to mother and to father. Child Development, 1999, 70(1): 183—201

[175] Wang C, Mallinckrodt B S. Differences between Taiwanese and

US cultural beliefs about ideal adult attachment. Journal of Counseling Psychology, 2006, 53(2): 192—204

[176] Wartner U G, Grossmann K, Fremmer—Bombik E, Suess G. Attachment patterns at age six in South Germany: predictability from infancy and implications for preschool behavior. Child Development, 1994, 65: 1014—1027

[177] Waters E, Weinfield N S, Hamilton C E. The stability of attachment security from infancy to adolescence and early adulthood: General discussion. Child Development, 2000, 71(3): 703—706

[178] Wei M, Russell D W, Zakalik R A. Adult attachment, social self—efficacy, self—disclosure, loneliness, and subsequent depression for freshman college students: a longitudinal study. Journal of Counseling Psychology, 2005, 52(4): 602—614

[179] Wentzel K R, Watkins D E. Peer relationships and collaborative learning as contexts for academic enablers. School Psychology Review, 2002, 31(3): 366—377

[180] Wentzel K R, Barry C M, Caldwell K A. Friendships in middle school: influences on motivation and school adjustment. Journal of Educational Psychology, 2004, 96(2): 195—203

[181] Wilkins R, Gareis E. Emotion expression and the locution "I love you": a cross—cultural study. International Journal of Intercultural Relations, 2006, 30: 51—75

[182] Worobey J. Associations between temperament and love attitudes in a college sample. Personality and Individual Differences, 2001, 31: 461—469

附　录

附录 1：亲子依恋回溯报告

　　注：亲子依恋回溯报告由"我与母亲"和"我与父亲"两个部分构成，分别测量被试与母亲和父亲的依恋表征。以下为测量被试与"母亲"的依恋表征分量表。对"父亲"的测量分量表与此类似，仅在关系对象上作相应的变换。其中 01、04、07 三个项目测量亲子依恋安全型，02、05、08 三个项目测量亲子依恋回避型，03、06、09 三个项目测量亲子依恋矛盾型。

　　下面是有关您在童年和少年时代（从出生到 16 岁以前），您和母亲相处的一些描述。请您回想小时候留下的这些印象，并针对"您小时候和您母亲相处"的印象，在符合您自身情况的选项后面的"[　]"中划"√"。

1. 小时候，母亲对我既温和又关心。

　　从不[　]；几乎没有[　]；偶尔[　]；有时[　]；经常[　]；总是如此[　]

2. 小时候，母亲和我的关系比较淡薄、疏远。

　　从不[　]；几乎没有[　]；偶尔[　]；有时[　]；经常[　]；总是如此[　]

3. 小时候，母亲对我的态度阴晴不定，时而温和，时而冷漠。

　　从不[　]；几乎没有[　]；偶尔[　]；有时[　]；经常[　]；总是如此[　]

4. 小时候，母亲善解人意，能在最适当的时候鼓励和支持我。

　　从不[　]；几乎没有[　]；偶尔[　]；有时[　]；经常[　]；总是如此[　]

5. 小时候，母亲有些讨厌我，也不愿理睬我。

　　从不[　]；几乎没有[　]；偶尔[　]；有时[　]；经常[　]；总是如此[　]

武汉科技学院·人文社科文库

6.小时候,母亲明白我的心思和感受,却又强迫我必须按她的意思去做。

从不[ ];几乎没有[ ];偶尔[ ];有时[ ];经常[ ];总是如此[ ]

7.小时候,我和母亲相处得很融洽,我觉得很满足。

从不[ ];几乎没有[ ];偶尔[ ];有时[ ];经常[ ];总是如此[ ]

8.小时候,母亲对我感到失望,也许没有我在身边,她会觉得更好。

从不[ ];几乎没有[ ];偶尔[ ];有时[ ];经常[ ];总是如此[ ]

9.小时候,母亲虽然是爱我的,却采用不友好的方式表现了出来。

从不[ ];几乎没有[ ];偶尔[ ];有时[ ];经常[ ];总是如此[ ]

附录2：亲密关系经历量表(ECR)中文版

注：本量表分别用于测量被试在三种关系中的亲密关系表征,1,测量异性亲密(恋爱)关系中的一般体验;2,测量同性朋友(伙伴)关系中的一般体验;3,测量在明确恋爱(婚姻)关系中的体验。由于关系性质的不同,在问卷指导语和测量条目上作了相应的调整。

1.以下为测量异性亲密(恋爱)关系中一般体验的指导语和部分条目：

下面给出了许多句子,都是描述恋爱(异性亲密)关系中每个人可能会有的感觉。在您的恋爱关系(如果您没有恋爱经历,则指的是在现实生活中您认为最接近恋爱的异性关系)中,您自己最一般的体验,与每个句子描述的情况有多大程度的符合？每个句子下边有一栏用数字标示的评价值,请在适合您自身情况的数值上划"√"或"○"。

其中的数字从"1"到"7"表示从"不符合"到"符合"的程度,具体含义如下：

很不符合	不符合	不太符合	中立	比较符合	符合	很符合
1	2	3	4	5	6	7

下面开始答题：(数字左右的"不符合"与"符合"仅作提示作用)

1.总的来说,我不喜欢让恋人知道自己内心深处的感觉。

不符合　1 2 3 4 5 6 7　符合

2.我担心会被抛弃。

不符合　1 2 3 4 5 6 7　符合

3.我觉得跟恋人亲近是一件自在惬意的事情。

不符合　1 2 3 4 5 6 7　符合

4.我很担心(担忧)我的恋爱关系。

不符合　1　2　3　4　5　6　7　符合

5.当恋人开始要跟我亲近时,我发现自己在退缩。

不符合　1　2　3　4　5　6　7　符合

……

2.以下为测量同性朋友(伙伴)关系中一般体验的指导语和部分条目:

下面给出了许多句子,都是描述同性别的朋友(伙伴)关系中每个人可能会有的感觉。在您的朋友(伙伴)关系中,您自己的一般体验,与每个句子描述的情况有多大程度的符合?每个句子下边有一栏用数字标示的评价值,请在适合您自身情况的数值上划"√"或"○"。

其中的数字从"1"到"7"表示从"不符合"到"符合"的程度,具体含义如下:

很不符合　不符合　不太符合　中立　比较符合　符合　很符合
　　1　　　　2　　　　3　　　4　　　5　　　6　　7

下面开始答题:(数字左右的"不符合"与"符合"仅作提示作用)

1.总的来说,我不喜欢让朋友(伙伴)知道自己内心深处的感觉。

不符合　1　2　3　4　5　6　7　符合

2.我担心会被朋友(伙伴)疏远。

不符合　1　2　3　4　5　6　7　符合

3.我觉得跟朋友(伙伴)关系密切是一件自在惬意的事情。

不符合　1　2　3　4　5　6　7　符合

4.我很担心(担忧)我的朋友(伙伴)关系。

不符合　1　2　3　4　5　6　7　符合

5.当朋友(伙伴)开始要跟我变得密切时,我发现自己在退缩。

不符合　1　2　3　4　5　6　7　符合

……

3. 以下为测量在明确恋爱(婚姻)关系中体验的指导语和部分条目:

本问卷一式两份,由恋爱(婚姻)双方分别独立作答:

　　下面给出了许多句子,都是描述恋爱(婚姻)关系中每个人可能会有的感觉。在您的恋爱(婚姻)关系中,您自己的一般体验,与每个句子描述的情况有多大程度的符合? 每个句子下边有一栏用数字标示的评价值,请在适合您自身情况的数值上划"√"或"○"。其中的数字含义大致如下:

|很不符合|不符合|不太符合|中立|比较符合|符合|很符合|
|1|2|3|4|5|6|7|

下面开始答题:(数字左右的"不符合"与"符合"仅作提示作用)

1.总的来说,我不喜欢让恋人(配偶)知道自己内心深处的感觉。

　　不符合　1　2　3　4　5　6　7　符合

2.我担心会被抛弃。

　　不符合　1　2　3　4　5　6　7　符合

3.我觉得跟恋人(配偶)亲近是一件自在惬意的事情。

　　不符合　1　2　3　4　5　6　7　符合

4.我很担心(担忧)我的恋爱(婚姻)关系。

　　不符合　1　2　3　4　5　6　7　符合

5.当恋人(配偶)开始要跟我亲近时,我发现自己在退缩。

　　不符合　1　2　3　4　5　6　7　符合

　　……

附录3:RQ中文修订版

注:本问卷由两个部分构成,分别测量被试对"一般男性"和"一般女性"的依恋表征。下面仅列出对"一般男性"依恋表征的测量部分,其中01、05、09三个条目测量一般依恋表征中的"安全型",02、06、10三个条目测量"轻视型",03、07、11三个条目测量"倾注型",04、08、12测量"害怕型"。

下面是在人际交往中,对一般男性的看法与感受。仔细阅读下面的条目,判断与您自身的感受及经验符合的程度。

1. 相对来说,我比较容易与男性建立亲密的情感联系。

    不符合　1　2　3　4　5　6　7　符合

2. 在与一般男性的交往中,我没有特别亲密的朋友,虽然如此,我仍然觉得很自在。

    不符合　1　2　3　4　5　6　7　符合

3. 我愿意和男性建立亲密关系,我总能遇到一些值得欣赏的人。

    不符合　1　2　3　4　5　6　7　符合

4. 在与一般男性的交往中,我觉得很难相信对方。

    不符合　1　2　3　4　5　6　7　符合

5. 我觉得,和男性之间能够相互信赖和支持,不是一件很困难的事情。

    不符合　1　2　3　4　5　6　7　符合

6. 在一般男性面前,我显得有些孤傲。我不需要从对方那里得到特别的帮助。

    不符合　1　2　3　4　5　6　7　符合

7. 我总是从内心接纳对方,努力付出,但往往难以同男性建立满意的关系。

不符合　1　2　3　4　5　6　7　符合

8.我总是小心翼翼,避免受到对方有意无意的伤害。

不符合　1　2　3　4　5　6　7　符合

9.我不担心会没有亲密的男性朋友,或者不被一般男性接受。

不符合　1　2　3　4　5　6　7　符合

10.我不愿意依赖男性朋友,也不喜欢对方依赖我。

不符合　1　2　3　4　5　6　7　符合

11.我在与一般男性交往方面缺乏自信,也因此常常很苦恼。

不符合　1　2　3　4　5　6　7　符合

12.在与男性的交往中,我常常担心对方并不能真正欣赏和接纳我。

不符合　1　2　3　4　5　6　7　符合

附录4：研究三实验1中所使用的材料

　　注：研究三实验1的研究设计包括两个实验组（与父亲依恋安全激活组、与母亲依恋安全激活组）和一个控制组。下面仅列出与父亲依恋安全激活组的指导语和要求回答的问题：

　　不管一个人出生在什么样的家庭，在和自己的父母交往时，都曾有过开心的时候。这里希望您单独回忆一下与父亲相处的那些开心的时候，特别是您与父亲之间最愉快、最幸福的那些往事。希望您在内心深处回忆那些往事。在您的回忆中，一定会勾起您的诸多情感反应，重温那些开心、愉快的体验。

　　我们不需要您对自己的个人经历进行详细描述，但希望您对那些体验进行一定的反思，并回答下面给您提出的问题：

　　1.您觉得，和父亲之间那种愉快的情感体验，对您的成长有什么重大意义或影响？

　　2.您觉得，和父亲之间那种愉快的情感体验，对您的世界观有什么重大意义或影响？

　　3.您认为，您和父亲的那种愉快的情感体验，对您的哪些方面影响最大？

　　4.想象您仍然处在和父亲的那种愉快的体验中，而此刻，您父亲就坐在您的身边，您会有些什么感受，请您描述一下。

　　控制组的指导语和要求回答的问题如下：

　　不管一个人的生活道路怎样，除了人际交往以外，在纯粹的学习、工作和个人爱好中，都曾有过非常专心努力的时候。这里呢，您回忆一下，在学习、工作或娱乐中，您觉得最努力的事情、最专心的那些时刻。在您的回忆中，一定会勾起您的诸多情感反应，重温那些努力、专心的体验。

我们不需要您对自己的个人经历进行详细描述,但希望您对那些体验进行一定的反思,并回答下面给您提出的问题:

1.在纯粹的学习、工作或个人爱好中,您觉得哪些时候,是您觉得最专心努力的?

2.您觉得,那种专心努力的情感体验,对您的成长有什么重大意义或影响?

3.您认为,那种专心努力的情感体验,对您的哪些方面影响最大?

4.想象您此刻,就处在那种专心努力的活动中,您会有些什么感受,请您描述一下。

以下为分心作业的指导语和部分内容(共包含10个项目):

下面是一些脑筋急转弯的题目,提供了答案。请您对照答案,对该题进行"趣味性"评分。采用百分制,100分为满分。

例如:

农夫养了10头牛,都很健康,为什么只有19只角?

答案:有一只是犀牛。　　　　　评分:　__80__

下面请针对每个脑筋急转弯的题目,在该题的"趣味性"上,给出您自己的评分。

1.胖妞生病在床,最怕别人探病时说什么?

答案:多保重。　　　　　评分:　_____

2.牢房中关了两名犯人,其中一个小偷,因偷窃罪要关一年;另一个是强盗,因杀人罪,却只关了两个星期。为什么?

答案:拉出去枪毙了。　　　　　评分:　_____

……

附录5:研究三实验2中所使用的材料

注:研究三实验2中包括两个实验组和一个控制组,两个实验组分别为被试与家庭以外的同性和异性交往中的依恋安全记忆激活,控制组操纵与实验1相同。在数据分析时,依据被试的性别将同性和异性关系转换成"男性"和"女性"。下面仅列出同性关系中依恋安全记忆激活的指导语和要求回答的问题:

在人际交往中,我们每个人都曾有过愉快的交往经验。这里,我们希望了解您对同性之间交往的看法。请您单独回忆一下与家庭以外的人,如同性关系的朋友、同学、熟人等,相处的一些愉快经历,特别是您觉得最愉快、最开心、最好的交往对象和交往经历。希望您在内心深处回忆那些往事。在您的回忆中,一定会勾起您的诸多情感体验,重温一遍那样的愉快体验。

我们不需要您对自己的个人经历进行详细描述,但希望您对那些体验进行一定的反思,并回答下面给您提出的问题:

1.您觉得,同性之间那种愉快的交往经历,对您的成长有什么重大意义或影响?

2.您觉得,同性之间那种愉快的交往经历,对您的世界观有什么重大意义或影响?

3.您认为,同性之间那种愉快的交往经历,对您的哪些方面影响最大?

4.想象您仍然处在和对方的那种愉快交往中,而此刻,对方就坐在您的身边,您会有些什么感受,请您描述一下。

附录6：感情与社会孤独量表

指导语和测量条目如下：

下面的问题涉及您在人际交往中的一些具体体验。请用划"〇"的方式，标明您在最近一年内出现以下每种情况的频率。每项描述后面是五级评定，数字从"1"到"5"表示频率从"从不"到"经常"出现，具体含义如下面所示：

从不	偶尔	有时	时常	总是
1	2	3	4	5

1. 我周围的每个人似乎都像是陌生人。

　　从不　　1　　2　　3　　4　　5　　经常

2. 在所参加的集体（团队）活动中，我总有些失落感。

　　从不　　1　　2　　3　　4　　5　　经常

3. 我周围有很多人能够理解我的看法和观点。

　　从不　　1　　2　　3　　4　　5　　经常

4. 我觉得与任何人都只能维持短暂的亲密关系。

　　从不　　1　　2　　3　　4　　5　　经常

5. 我感觉自己有真正相爱的恋人，对方能给予我想要的支持和鼓励。

　　从不　　1　　2　　3　　4　　5　　经常

6. 我感觉自己属于朋友中的一员。

　　从不　　1　　2　　3　　4　　5　　经常

7. 我觉得，不管做什么，总可以找到同伴。

　　从不　　1　　2　　3　　4　　5　　经常

8. 我觉得，即使是亲密的关系，也常常相互猜忌。

　　从不　　1　　2　　3　　4　　5　　经常

9.我感觉有人很在乎我,而且在情感上依赖我。

  从不   1   2   3   4   5   经常

10.我觉得自己只有很平淡的爱情关系。

  从不   1   2   3   4   5   经常

附录 7：研究四实验中所使用的材料

注：在研究四的实验设计中包括两个实验组（与父亲依恋安全激活组、与母亲依恋安全激活组）和两个控制组，其中两个实验组和控制组 2 的设计同研究三实验 1 相同，下面仅列出控制组 1 的指导语和要求回答的问题：

不管一个人的生活道路怎样，除了人际交往以外，在纯粹的学习、工作和个人爱好中，都曾有过非常快乐开心的时候。这里呢，您回忆一下，在学习、工作或娱乐中，您觉得最愉快的事情、最开心的那些时刻。在您的回忆中，一定会勾起您的诸多情感反应，重温那些开心、愉快的体验。

我们不需要您对自己的个人经历进行详细描述，但希望您对那些体验进行一定的反思，并回答下面给您提出的问题：

1. 在纯粹的学习、工作或个人爱好中，您觉得哪些时候，是您觉得最开心的？

2. 您觉得，那种开心愉快的情感体验，对您的成长有什么重大意义或影响？

3. 您认为，那种开心愉快的情感体验，对您的哪些方面影响最大？

4. 想象您此刻，就处在那种开心愉快的活动中，您会有些什么感受，请您描述一下。

攻读博士学位期间发表的论文

已发表论文

1. 沈烈荣、刘华山,大学生个人控制的类型与其主观幸福感的关系,中国行为医学科学,2007 年 3 期。

2. 沈烈荣、刘华山,成年人控制圈与主观幸福感的关系,中国临床心理学杂志,2007 年 15 期。

3. 沈烈荣、刘华山,人际控制与老年人主观幸福感的关系及其增龄变化,中国老年学杂志,2007 年 22 期。

4. 沈烈荣、刘华山、徐云,大学生的同伴依恋与心理健康关系的性别角色效应,中国临床心理学杂志,2008 年 2 期。

5. 沈烈荣、刘华山、徐云,亲子依恋对大学生心理健康的性别效应,中国行为医学科学(已接受)。

会议摘要

Shen Lierong, Liu Huashan. Gender effects on the activation of parent－child attachment. Oral presentation at the XXIX International Congress of Psychology, Berlin, Germany, July 20－25, 2008

英文投稿

Lierong S. Gender effects: Influences of parental attachment on college students' general attachment models. British Journal of Social Psychology, under review.

后　记

本书得以顺利出版，得力于武汉科技学院校领导的鼎立支持，特别是尚钢书记的热切关心、人文与社科学院杨洪林院长和黄双敬书记的大力协助，以及同事们的热情鼓励和帮助，在此，我向他们表示最诚挚的谢意。

本书在我的博士论文基础上修订而成，值此之际，谨向指导我、协助我、鼓励我完成博士论文的老师、同学和朋友们表示衷心的感谢！

感谢我的博士导师刘华山教授。刘老师知识渊博、思维敏捷，在学术问题的探讨中更显示出严谨的科学素养。在本论文选题、方案确定、研究实施以及论文撰写各个环节上，无不渗透着导师的悉心指导和殷切希望。刘老师治学严谨，与学生相处却十分亲切和蔼、意趣高远，不仅是我学业上的导师，更是我生活中尊敬的前辈和学习的楷模。

感谢中国科学院心理研究所张建新研究员给予我的支持和鼓励。在论文构思过程中，张老师便给予了充分肯定和切实的指导，在随后的研究设计中，则为我提供了专门的小组讨论机会，使整个研究能够从最初的构想一步步走向成熟。在平时的学习和生活中，同样处处感受到张老师的关怀与期望！

在论文设计中，同样得到了施建农老师、俞国良老师和姚梅林老师具有针对性的指导和富有建设性的意见，使得研究更完善、更有效地进行！

感谢英国南安普敦大学 Constantine Sedikides 教授为本研究工作提供的相关研究资料，这些资料最终成为实验设计中的重要参考。

感谢方富熹和方格两位老师，他们对我的影响是深远的。他们对心理学研究的热爱、执着和深刻见解时常激励和鞭策着我。

亲子依恋对大学生人际关系影响的性别效应

· 145 ·

感谢张侃研究员、杨玉芳研究员、罗劲研究员、牟炜民研究员、李德明研究员、荆其诚研究员、林文娟研究员、隋南研究员、罗跃嘉研究员、王二平研究员、尹文刚研究员、李纾研究员、翁旭初研究员以及所有前辈先学，他们的心理学知识讲座和研究方法传授，使我在博士求学期间了解到心理学最前沿的研究课题和进展，极大地开阔了心理学视野。

感谢研究生部的杨光炬老师和徐跃玲老师，网络中心的冯玲老师和梁红老师，办公室的高云老师和谭健敏老师，以及心理所其他工作人员，他们在我的学习和生活中提供了诸多帮助和支持，使我能够克服博士求学期间的诸多困难。

感谢华中师范大学心理学院佐斌老师、周宗奎老师、郭永玉老师、江光荣老师、王伟老师、许锋老师、龚少英老师、郑晓边老师、马红宇老师、刘亚老师、定险峰老师、葛建荣老师、柯善玉老师、向远明老师以及其他老师，他们在我的研究工作中，或给予了切实的指导，或提供了研究的方便，或表达了真切的关心。

感谢武汉科技大学熊明祥教授，武汉理工大学孙灯勇老师，中南民族大学徐云老师，湖北第二师范学院的孙利老师，华中师范大学的邓红珍女士，陕西理工学院的熊左琴女士，他们在研究的具体实施过程中给予了大力支持和帮助。

感谢曹慧、关梅林、范越阳、侯瑞鹤、姜兆萍、李育辉、牛亚楠、汪亚珉、王葵、杨锦陈、周明杰、祝卓红、陈雪峰、李晓明、王冬梅、高兵、高路、徐晓勇、史韦、白新文、徐祥刚、刘宁、刘峰、房野等各位学友，他们带来了珍贵的同学情谊，给予了各方面的帮助。

感谢我的家人和朋友，他们的理解、支持和鼓励如和煦的阳光一般始终伴随着我！

沈烈荣
2008 年 10 月 30 日